日韓記者・市民セミナー　ブックレット 15

日本人でなくコリアンでもなく
「在日」の自意識と反ヘイト

＊目次＊

はじめに

日韓記者・市民セミナー　ブックレット第15号は、「日本人でなくコリアンでもなく──「在日」の自意識と反ヘイト」をテーマにしました。

日本が出生地主義の国籍法を採用する国であったなら、日本生まれの在日二世は日本国籍者として生まれたはずです。血統主義の国だったために親の国籍を受け継ぎ、韓国籍者になりました。

韓（朝鮮）半島で生まれ育った在日一世は、たとえ植民地政策の残滓である「創氏改名」で強制された通称名を使っていたとしても、血肉化された民族性は自他ともに否定しようがありません。一世にとって国籍維持は民族自尊の象徴であり、国籍放棄は「民族の裏切り者」と指弾される時代がありました。

在日二世は物心ついた頃より「日本で生まれたのになぜ韓国人なのだろう」という疑問にぶつかり、日本社会から疎まれている「チョーセン」に属する存在だと気づいた時点で心が折れる経験をした者がほとんどでした。自らカミングアウトしない限り在日であることが周囲にわからない二世は、日本人でもなければ本国の韓国人とも違う特異な生き方をしてきました。

一九六〇年代の韓国は自由の無い軍事独裁政権だとこの国のマスコミに叩かれ、韓日国交回復後も「キーセン観光の国」だと一般から蔑まれました。在日学生は有名大学を卒業しても就職口がなく、肉体労働に従事する親の後を継ぐほかありませんでした。一世たちは四〇年代の韓国歌

謡「나그네 설움（ナグネソルム＝淋しき旅人）」を哀しく歌い、二世は自らを根無し草だと自嘲する過去がありました。

時代は移り、韓国は今や民主化を遂げ、経済大国の仲間入りを果たしました。在日の歴史も戦後を起点にしても今年で七九年を迎え、五世が生まれるほど日本社会に根を下ろしています。

しかし、BTSや韓国ドラマが人気を博し、韓流がこの地に定着していてもそのことと在日の生活現場とは次元の違う話だと処理されているようです。公務員の「国籍条項」から民間の就職戦線に至るまで、この国は在日に職業選択の自由と韓国籍維持の意思を天秤にかけさせ、ふるいにかけてきました。

教職を得るために日本国籍取得の道を選ばざるを得ない、職場で韓国名を使用させないといった理不尽な現実を社会全体が直視し、あるがままの在日で生きていける多文化共生社会づくりに舵を切るべきです。

大阪市立大学を退官した朴一さんは在日研究四〇年を振り返り、「誰かが在日の立場、マイノリティの立場を代弁しなくてはいけない」と提唱した上で、「それぞれの地域に外国籍住民がいる。日本籍住民と同じように権利が保障される地域社会をどう構築していくか。フランスが植民地出身者のアルジェリア人に二重国籍を認めて参政権を認めたように日本も（在日に）参政権を認める時期が来ているのではないか」と問題提起しています。

在日三世の作家・姜龍一さんは民族学校出身。「学校だけでなく、韓国社会全体に思うことだが、愛国心というものが反日によってしか表現できないとしたら、ちょっと悲しいことではないだろうか」と疑問を呈します。ヘイトについては「差別する心自体が改心されない限り、どんな規制をしても法律を作っても差別がより陰湿化する。弱い者いじめは恥ずかしいこと、格好悪いことだと教育の中で教えていくことが大切だ」と思いを述べています。

民団支部の事務部長を務める元弁理士の金典克さんは、二〇一六年に成立したヘイトスピーチ解消法を大きな一歩ととらえながらも、反ヘイトの法整備を社会に求めるアプローチとして、差別禁止法やヘイトクライム法をつくり人権機関でヘイトを規制する流れを作らないと時間だけが過ぎていく」と警鐘を鳴らします。条例でできること、できないことを見極め、地道に国に法制度を求めていく草の根活動の重要性を力説しています。

日本社会で良き隣人として在日が生きていくために日本国籍は必ずしも必須条件ではありません。単一民族国家という幻想に依拠し、韓国に対する根拠のない優越意識で在日が見下される筋合いもありません。日本社会に物申せばしっぺ返しのように起きる「嫌なら国に帰れ」という罵りにも異議を唱えます。私たち在日は本国の棄民でもなく、日本社会のお荷物でもない生き方をしたいと願うごくごく普通の在外国民であり、外国籍住民です。

二〇二四年一月二〇日

一般社団法人KJプロジェクト代表　裵哲恩（ペー・チョルン）

第1講　在日コリアン研究四〇年

朴　一
――大阪市立大学名誉教授

みなさん、こんにちは。

学芸は三流、人気は二流、ギャラは一流「研究者」の朴一です（笑）。

今年三月に大阪市立大学を退官したんですが、退官と同時に在籍していた大阪市立大学が解体しまして、大阪公立大学という新大学になりました。愛着ある大阪市大がなくなったのは残念なことですが、私の退官と同時に市大がなくなったのも、なにか運命の悪戯を感じます。

今から十数年前に、麻布の在日韓人歴史資料館で力道山夫人（田中敬子さん）と対談をさせていただいたときに、ご夫人に元ヘビー級のプロボクサーだったボディーガードの方がついてこられて、その方と対談が終わった後、ビールを飲む機会がありました。彼は占い師もやっておられて、酒の席でしたが「私もついでに占ってもらえますか」と言ったら「どういうことが知りたいですか」と言われたんで、「長生きできますかね」というふうに聞いたんです。彼は私の手相とか生年月日とか、四～五分分析されて、「言いにくいんですけど、先生はやばいです」「長生きできません」と言われたんですね。それでこっそり「危ない年」を書いた紙を渡されました。

驚いたことに、その後、彼が指摘した年に、生死にかかわる大病を患うことになりました。一回目が今から八年前（二〇一五年）に脳出血、次に四年前（二〇一九年）に脳梗塞、占い師の予言通りでした。占いは怖いですが、私は占い師が予言した二回の「天国への階段」を厳しいリハビリでなんとか回避することができました。と言っても、彼が危ないといった三つ目の年がなんと今年なんですね。だからこれが皆さんにお話できる最後のチャンスになるかもしれません（笑）。

実は脳梗塞になったとき、言語障害になりました。正確に言うと、右の脳がやられた後遺症だと思います。人間の脳には右脳と左脳がありまして、右脳がやられたら身体の左側に、左脳がやられたら身体の右側に後遺症が残るんですね。私の場合、右脳がやられたために、まず左の顔半分が顔面麻痺になりまして、眼鏡はずしますと、左の眼がちゃんと開いていない。だから笑顔がつくれなくなくなりました。

「先生の笑顔は素敵ですね」とよく言われるんですが、笑顔が人為的にコントロールできなくなったんです。つくり笑いができない。これは芸能人にとって致命的です（笑）。それと同時に言語障害になりました、ちゃんと喋れなくなったんです。考えてることがすぐに言語化できない。その後、ものすごいリハビリをして、ようやくこれぐらいまで喋れるようになりました。しかし、全盛期の私からみると五三・六パーセントぐらいの会話能力までしか回復していないと思います。さらに左指が自由に動かなくなってしまったんで、パソコンで原稿を打つときも右手だけで打っています。だから本を書くのにも時間がかかってですね、なかなか進みませんけど、いま、一〇冊目の本を書き終えたところです。どっちにしましても、今日は最後の講演という覚悟で、ここにきました。

余談がおおくなりましたが、私は一九九二年一〇月に大阪市立大学に専任講師として採用され、二〇二二年三月に同大学を定年退官しましたので、市大での在職期間は三〇年。東京の立正大学での三年間。同志社大学大学院での院生としての研究生活の八年間を合計すると、私の研究者生活はざっと四〇年になります。

＊梶村秀樹先生に憧れて

わたしの研究分野は、大分類で言うと、朝鮮半島地域研究、韓国や北朝鮮を対象にしたエリア・スタディになります。もう少し詳しく言うと、韓国と北朝鮮の政治や経済の分析と日韓・日朝の狭間で生きてきた在日コリアンに関する諸問題の研究ということになります。研究対象がずいぶん細分化された今日のアカデミズムの状況からみると、研究対象がひろすぎるのではと揶揄されそうですが、当時、朝鮮半島研究者が日本にわずかしかいなかった状況下で、在日コリアンを含むオールラウンドな朝鮮半島研究は時代の要請であったのかもしれません。

大学院入学時（一九八〇年）、私が目標にしていた研究者は、ポリティカルエコノミーの分野で、朝鮮史、韓国経済、在日朝鮮人問題の分野で数多くの業績（『梶村秀樹全集』全六巻、明石書店）を残した神奈川大学の梶村秀樹さんでした。先ほど述べたように、特定の分野でかなり緻密な研究が求められる現在からみると、梶村さんの研究は、社会科学として精密さに欠ける部分もあり、イデオロギッシュな側面が内在していたことは否めませんが、韓国・北朝鮮研究が日本でまだマイナーだった時代状況を考えると、梶村秀樹さんは朝鮮半島を対象にした地域研究のフロントランナーであったと思います。今回の講演では、梶村先生には及びませんが、私の四〇年に及ぶ研究生活の中で大きな比重を占める在日コリアン研究について、自分なりに総括できればと思います。

＊ハンメの思い出

研究にはすべてバックボーンがあると思いますが、私がこうした研究をするようになったそもそもの背景には、私が在日コリアンとして日本に生を受けたという、私のルーツが大きく影響しています。私は父親が在日韓国人二世で、祖父が在日韓国人一世です。一九二五年に出稼ぎ労働者として祖父と父が朝鮮半島から日本に渡ってきましたから、私は祖父から数えると三世、親父から考えると二世になります。

私は一九五六年、日本が国連に加盟したこの年に、韓国籍を持ちながら在日韓国人三世として日本に産み落とされました。日本の国籍をもって日本で生まれていたら、あるいは韓国の国籍をもって韓国で生まれていたら、ごく普通の人生を歩んでいたかもしれません。しかし、この国籍と出生地の乖離、母語と母国語の相違をもたらした在日というルーツは、私のアイデンティティ形成にさまざまな葛藤をもたらしたのです。

私の新書（『在日という病』明石書店）にも書きましたが、私は小学校から高校の二年生まで、日本名を名乗り、在日コリアンという出自を隠して生きてきました。今でも、日本名と民族名（韓国名・朝鮮名）を仕事と日常生活でしなやかに使いわけて生きている在日コリアンが大勢いますが、私の父も民団の活動をするときは民族名を使っていましたが、商売をするときは日本名を使っていたため、自宅の表札には朴と新井という二つの表札がかかっていたんです。

学校で日本名を使っていた私は、この朴という表札が嫌で、友達を自宅に呼ぶこともできなかったんです。小学校の五年生のときです。家の近かった友だちの一人に「今日は家族がみんな外出してるから、俺の家で遊べへんか。もうちょっとしてから俺の家に来てくれ」と勇気をだして電話して待っていたら、突然、老人ホームに行ってたハンメ（おばあちゃん）が自宅に戻ってきて、あわてたことがあります。チョゴリを着て、まともな日本語ができないハンメの存在を友だちに知られるとまずいので、なんとかハンメを一瞬で消してしまう方法はないかと考えた私は、ハンメにこう言ったんです。

「『納戸にこの座布団しまっといてくれ』ってオモニ（母）が言うとったで」

そうすると、優しいハンメは座布団を持って二階の納戸に入りよったんです。私はそのまま納戸の扉の鍵を閉め、ハンメを監禁したんです（笑）。実にひどい話です。でも、それだけ、当時の私は在日コリアンであることを、友人に知られることを恐れていたんですよ。友だちに韓国人という正体をばらしたくない、ただそれだけの理由で、ハンメを納戸に閉じ込めたんです。でも、閉じ込められたハンメはもっとつらかったと思います。実は。今でも、このハンメ監禁事件は、私のトラウマになっています。

高校生になって、少しは人間の気持ちがわかるようになった私は、ハンメに「監禁事件」の罪ほろぼしをしたいと思い、夏休みの間、高校野球の予選が開催されていた甲子園球場でかちわり（氷）販売のバイトをしました。このバイト代でハンメに何か買ってあげようとおもったんです。一ヶ月のかちわりバイト代で稼いだ当時のお金で一万円ほどでしたが、初めてのアルバイトでもらったお金はたいへん重みがありました。ハンメが一番喜ぶものはなにか、いろいろ考えながら歩いていると、阪神尼崎駅前の広告版に張られていた一枚のポスターが目にとまりました。「九月十五日、新日本プロレス、尼崎市民体育館で開催。NWF世界ヘビー級選手権、アントニオ猪木対アブドラ・ザ・ブッチャー」。このポスターを観た私は、すぐにプレイガイドにいき、甲子園で稼いだバイト代で、その試合のリングサイドのチケットを二枚購入しました。というのも、日本語が余りできないハンメは老人ホームに行っても友だちがなかなかできず、いつも一人でテレビを視て過ごしていたんですが、テレビ番組のなかでも、お気に入りはプロレスでした。プロレスは言葉が理解できなくても、わかるんですね。ハンメはアントニオ猪木の大ファンで、彼のことを「アントニオ・イノチ」と呼んでいました。私は、ハンメの誕生日（九月一五日）に、リングサイドで猪木さんの雄姿を見せてあげようと思ったんです。

九月一五日の試合当日、ハンメはお気に入りのチョゴリを着て、タクシーで尼崎市民体育館につくと、体育館は大勢のプロレスファンが集まっていました。夜八時、テレビ中継にあわせて、猪木とブッチャーの試合が始まりました。プロレス好きの私とハンメはリングにくぎ付けになりました。二八分三〇秒、猪木が必殺技の脳天延髄切りでブッチャーをノックアウトすると、場内は最高潮に達し、観客は総立ち、猪木さんが最後にファンに向かって、勝利の雄叫び「一、二、三、ダァ〜」と言うと、私も興奮して立ち上がり、ハンメの存在を忘れて「ダァ〜」と叫んでいました。

ふと我にかえって客席にすわると、ハンメの姿がみえません。会場がファンでごったがえしている最中、ハンメを必死で探しました。猪木さんがリングから降りて、控室に戻る姿が見えましたが、なんと猪木さんの後方に猪木さんを追いかけるハンメの姿を発見したんです。驚きました。猪木さんの周りにはボディーガードの山本小鉄と星野貫太郎がぴったりとついて、近づくファンを払いのけておりましたが、年老いたハンメを追い払うことはできず、ハンメは猪木さんとともに控室に消えていったんです。私は、すぐに控室の方に行き、入り口で今入っていった年寄りの保護者だといって、無理やり控室に入れてもらいました。

そうすると、猪木さんが座っている横になぜかパイプ椅子がおかれ、そこにハンメが可愛らしい少女のようにちょこ〜んと座って、猪木さんを見つめる姿がありました。私は、猪木さんに「うちの祖母が興奮して控室まで入り込んで、申し訳ありません。祖母は、ずっと猪木さんのファンで、死ぬ前に冥途の土産として、猪木さんに会いにいきたいと言って、試合を観にきたんです」と言うと、猪木さんは、「そうですか」といって、優しくハンメを抱きかかえ、ほっぺにチューしてくれたんです。ハンメの眼から涙が流れ、私も泣きそうになりました。思えば、日本に来て三五年、日本人から誰にも相手にされなかったハンメが、一番大好きな日本人に抱きしめれた瞬間の泪だったとおもいます。青春期にブラジル移民としてつらい生活を送った猪木さんだから、ハンメに特別な気持ちをこめて接してくれたんだと思います。猪木さんのファンサービスとハンメの泪は私の心に中に潜んでいた「監禁事件」のトラウマを溶かしてくれました。

＊本名宣言

私は、高校二年生まで日本名を名乗り、在日韓国人という出自を隠して生きてきましたが、高校三年生になって、ある先生と出会い、本名を名乗ることになりました。詳しいことは、本（『在日という病』明石書店）を読んで頂きたいのですが、その先生との出会いは衝撃的でした。被差別部落の解放運動に命をかけていたA先生は、私をいきなり職員室によびだし、「なんで、お前、日本名名乗ってるんや。韓国人やったら堂々と韓国の名前名乗ったらどうや」と初対面で迫ってきたんです。そんなデリケートな問題を日本の教師から言われたことがなかったんで、驚きましたが、言われてみると、筋が通っているのは先生の方で、私はずいぶん悩みました。

先生から「カミングアウトしてみないか」と何度も言われましたが、どうしてその気にはなれなかったのは、当時、付き合っていた日本人の彼女がいて、彼女にもまだカミングアウトしておらず、付き合ってまもない彼女に「韓国人という理由」でふられたくないからです。人間としてふられたらともかく、人種的な問題が原因で破綻したカップルがたくさんいたと、親族から聞いていたので、なおさらでした。しかし、付き合っている以上、いつかは彼女に真実を告げねばなりません。「動物園に彼女と行って、いろんな動物みせて、人間にもいろんな種族がいるよね。じつは俺も日本人ちゃうねん」なんてシナリオを考え、デートにのぞむのですが、最後までなかなかカミングアウトできない。その繰り返しです。

そんなとき、A先生から一緒に映画を観ないかと言われ、観たのが「異邦人の河」という作品でした。主人公のジョニー大倉が劇中で「俺は在日朝鮮人だ」とカミングアウトするシーンが印象的でした。先生は私にこの映画をみせて、「おまえもジョニーに続け」というメッセージをおくりたかったのだと思います。

映画を観た翌日、学校にいくと、先生が校門で待っていて、ひとこと「機は熟した」と私に告げ、体育館に連れて行かれました。体育館には「本名宣言」という垂れ幕がはられ、全校生徒が体育館に集められていました。先生が「みんな、三年二組の新井がみんなに言いたいことあるみたいやから、きいたってくれ」と言うので、私も腹をくくりました。

「みなさん、よく聞いてください。私は、みなさんには言ってなかったんですが、本当は日本人ではありません。実は、日本で生まれた在日韓国人です。本当の名前は朴一（パク・イル）といいます。これからは、新井じゃなく、朴と呼んでください」

体育館で私の話を適当に聴いていた生徒たちは「なんのこっちゃ」という感じで、私と先生の二人の儀式はすぐに終わってしまいました。教室にもどると、受験の話をしている者、阪神タイガースの話をしている者、何気ない日常がそこにはありましたが、誰も私に話しかけてこようとはしなったですね。そんなとき、むこうから彼女がやってきて、私にこう言いました。

「新井くんが何人《なにじん》でも関係ない。私は新井くんの人間が好きやから」

この言葉を聞いて、私は彼女を抱きしめようとしましたが、どうしても気になる言葉がありました。「『新井くん』、俺の話、聞いとったんかいな。『俺は今日から朴で、朴と呼んでくれ』と言うたんやけど」と心の中で叫んで、私は教室から出ていきました。

今から考えると、彼女が呼びなれた新井くんという名前をすぐに朴と呼びかえるのは難しいかもしれませんが、せめて彼女には本名宣言の意味を深く考えてほしかったんだと思います。

＊韓学同との出会い

一年浪人し、一九七六年、私は韓国の抵抗詩人・尹東柱の母校、同志社大学に入学しました。高校時代に本名を取り戻した私は、大学での同胞学生を求めていました。同志社には、在日同胞学生がたくさんおり、在日コリアン系のサークルが二つありました。一つは朝鮮文化研究会（朝文研）で、入学するとすぐにオルグがありました。京都の西院に朝文研の学生寮があり、寮内での日常生活は朝鮮語しか使わず、徹底した母国語教育が行われていました。私は韓国語を喋れるようになりたかったので、朝文研というサークルに魅力を感じましたが、学習会に参加すると主体思想（北朝鮮の金日成思想）一色だったので、すぐに「危ない」と思い、近づかなくなりました。

それに対して、韓国文化研究会（韓文研）のメンバーは、あまり韓国語ができないと感じましたが、美人学生がたくさんいたので、このサークルに入ることにしました（笑）。新入生歓迎会があり、韓国の踊りや歌にふれ、私の民族心は膨らんでいきました。しかし、時がたつと、少しずつ韓文研の正体がわかってきました。それぞれの大学にある韓文研は、日本で韓国の民主化運動を支援していた韓国学生同盟（韓学同）という学生運動団体の下部組織で、韓文研の勉強会も、韓国語以上に日韓の不幸な歴史や韓国の政治や経済などの本国の情勢分析に重きが置かれ、大学のサークルというより、学生運動組織そのものでした。そうした政治色に嫌気がさして辞めていく新入生もたくさんいましたが、私はむしろ世の中の矛盾に背をむけるノンポリ学生が増える中、間違った社会を変えたいという彼らの生き方に共鳴するようになりました。

当時、韓国では、朴正熙大統領が大統領権限を拡大する維新憲法を制定し、国民の政治活動、労働運動、言論の自由を大きく制限していました。いわいる独裁国家です。ソウル大学や高麗大学をはじめとする韓国の大学生は、決死の覚悟で朴政権の打倒を目指す民主化運動を続けていたんですね。本国の大学に留学し、こうした民主化運動に参加した在日韓国人学生も次々と逮捕され、拘束、死刑判決を受けた者もたくさんいました。母国に留学した同胞学生が逮捕されたことで、韓国社会の矛盾はもはや他人事ではなく、明日の自分の問題になっていったと思います。気が付

韓国青年同盟京都府本部委員長時代の写真。横断幕の中央、ネクタイ姿が当時、同志社大学４年生、22 歳の朴一さん

くと私は韓学同の中心メンバーになって、韓国の民主化支援連帯運動に参加するようになりました。韓国の学生たちがソウルで決起集会を開くと、私たちは各大学で立て看板をつくり、ビラをまき、東京の数寄屋橋に集まって、民主化運動を弾圧する朴政権に抗議するデモや集会を行いました。大学の一回生から四回生の四年間は、ほぼ毎日、新入生歓迎会、学習会、執行部会議、民族文化祭の準備、立て看板の作成、ビラ配り、デモと集会の繰り返しだった気がします。私の青春はまさに韓学同一色でしたが、その幕切れは突然やってきました。一九七九年十月、朴正煕大統領が側近のＫＣＩＡ部長に射殺され、朴政権は瞬く間に崩壊、私たちは運動の目標を失うことになりました。

今から考えると、韓学同時代の四年間は、

母国の言葉や歴史を学び、韓国の政治や社会の大きな転換期に身を置くことで、失われた民族性を回復し、改めて自分と祖国との関係を見つめ直すことができた期間で、その後の私の生き方に決定的な影響を与えたと思います。

＊指紋押捺拒否運動の時代　『季刊 三千里』との出会い

八〇年代に入って大学院に入った私は、梶村秀樹さんの研究に触発されて、韓国・北朝鮮・在日コリアンの研究を始めました。大学院の研究テーマは一九五〇年代から七〇年代における韓国の経済開発に果たした政府、財閥、外資の役割です。政府、財閥、外資という三者関係の連続性と変化をテーマにして学会誌に七～八本の論文を発表しましたが、日本の大学が外国人の採用に消極的な事情もあり、なかなか大学の専任教員には採用されませんでした。大学院時代、研究に打ち込む一方で、ノンフィクションライターの金容権さんの誘いを受けて、「指紋押捺拒否予定者会議」という組織の立ち上げに参加し、日本各地でひろがった在日外国人による指紋押捺拒否運動に参加しました。大学時代は「韓国学生同盟」という民族組織に参加し、韓国の民主化運動支援連帯活動にのめり込み、在日コリアンと祖国との関係について問い続けましたが、大学院時代の指紋押捺運動は、在日コリアンの生活基盤である日本社会との関係を問い直すきっかけを作ってくれたと思います。そんなとき、『季刊 三千里』編集部から「在日外国人と指紋押捺」というテーマで特集を組むから何か書かないかと言われまして、「個としての主体を尊重する」というエッセイを同誌に掲載させて頂くチャンスをもらいました（『季刊　三千里』四二号、一九八五年）。一九六〇年代の日韓会談反対闘争は民族組織主導による「上からの運動」であったのに対し、八〇年代の指紋押捺反対運動は「たった一人の反乱」から生まれた「下からの運動」であったという在日の社会運動史の質的な変化を分析した論稿でした。このエッセイは、社会学者の見田宗介さんが担当していた「論壇時評」（『朝日新聞』）で紹介され、研究者能力に不安を感じていた私にとって大きな励みになりました。今から考えると、この『三千里』の論稿が、私の在日研究のデビュー作になったわけで、その後の在日研究の原点になったと思います。

＊『ほるもん文化』（一九九〇年～二〇〇〇年）の創刊と「民族問題論」の担当（九〇年～）

ソウル五輪が開催された八八年、私は運よく公募で東京の立正大学の専任講師に採用されました。大学のポストを得ると、さまざまなところから原稿依頼を受けることになり、私は水を得た魚のように、精力的に論文を発表するようになりました。

そんなとき、『季刊　三千里』の編集部にいた高二三さんから、新しい出版社（新幹社）から『三千里』に代わる在日の論壇誌を創刊したいので、編集委員のメンバーに入らないかというお誘いを受けました。編集委員のメンバーは、姜尚中、文京洙、金重明、趙景達、鄭雅英、朴一の六名（後に金栄、金早雪氏が参加）と、今から考えると、けっこう豪華な顔ぶれですよね。その六人で定期的に編集委員会を開催し、各号の特集内容と執筆者依頼者を決め、編集委員はノルマとして在日をテーマに原稿を最低一本書くという約束でした。私は一号から八号まで原稿を書きましたが、ここで発表した論稿がその後の在日研究のベースになっていったと思います。

『ほるもん文化』が目指したものは、在日二世・三世の新しい生き方を模索する在日論の構築でした。編集委員会の力不足で第九号で終刊を迎えてしまいましたが、九〇年代という時代状況の中で在日の若い世代の声を代弁したという意味で、少なくない役割を果たしたと思います。

一九九〇年一〇月、大阪市立大学にヘッドハンティングされ、研究と生活の拠点を東京から大阪に移すことになりました。移籍した大阪市立大学では、学部でアジア経済論を担当するとともに、教養部で在日朝鮮人問題をレクチャーする民族問題論（後に講義名を「エスニック・スタディ」に改名）を教えることになり、講義の準備がたいへんでした。

民族問題論は、七〇年代に学内で起こった民族差別事件を背景に教養部に設置された人権関連科目で、講義開設時は朝鮮史の大家・姜在彦先生が担当しておられたもので、その分野で業績がなかった私には負担の多い科目でした。「民族問題論」の講義内容については試行錯誤の繰り返しで、毎週、在日コリアンの歴史、民族教育、法的地位、社会保障、就業問題など、さまざまな分野の資料をかき集め、講義の準備に追われる日々でした。今から振り返ってみると、毎年九〇分講義を一年間に三〇回分準備しなければいけなかったわけで、在日コリアンをめぐる諸問題について、改めて体系的に学ぶ機会に恵まれたと思います。

さらに、大阪市立大学の教員になってから、関西の多くの自治体から審議会委員を委嘱され、外国籍住民施策や外国人教育指針の策定に参加する機会も増えました。九三年に伊丹市の在日外国人教育基本方針策定委員に選ばれたのを皮切りに、大阪市、神戸市、堺市、尼崎市の審議会のメンバーになり、それぞれの自治体の外国籍住民施策の策定にかかわることができました。今と違って、関西の多くの自治体が外国籍住民の声を街づくりに反映しようと、頑張っていた時期だと思います。

＊『在日という生き方』（講談社、一九九九年）

九九年の出版した『在日という生き方　差異と平等のジレンマ』（講談社メチエ）は、自治体で実施してきたアンケート調査と『ほるもん文化』に発表した論稿を下敷きに、在日コリアンの生き方を、①意識調査、②社会運動史、③生き方をめぐる論争、④一世、二世、三世のライフヒストリーという四つの視点から、整理したものです。この本は、新しい在日研究として学会でも高く評価され、学術書としては異例の十刷を重ね、ロングセラーになりました。また嬉しいことに、本書は韓国でも翻訳が出版されました（『在日韓國人』ポンム社、二〇〇五年）。

本書の中でも特に反響を呼んだのは、第一章「同化と異化の狭間で」でした。この章は、兵庫県伊丹市で実施した在日コリアンを対象にしたアンケート調査を基礎資料にして、在日一世から四世の生き方を国籍（母国籍か、日本籍か）、名前（民族名か、日本名か）、言語（母国語に対する理解度）を尺度に考察したものです。結論から言うと、若い世代ほど、母国籍への執着が強く、日本名より民族名を名乗る者も増加傾向にあり、母国語に対する理解度も深まっているという「民族化」傾向を読み取ることができました。すなわち、「在日社会は、若い世代ほど、日本国籍を取得し、日本名を名乗る者が増加し、母国語も理解できない人が多い」という従来の「同化」説に疑問を投げかけた訳です。本書の問題提起に対し、限られた地域、短い期間でのデータで、在日の新しい世代の「民族化」を裏付けるのは問題ではという批判を受け、改めて十年後にさらに若い四世・五世の世代を対象に、国籍、名前、母国語に対する理解度に関するアンケート等を再度実施し、その結果を『季刊　東北学』（一七号）に発表しました。この論文は韓国語にも翻訳されましたが（『在日韓人ノ歴史』国史編纂委員会、二〇〇九年）、結果は、前回の調査以上に、在日コリアンの四世・五世な

どの若い世代では、民族名や母国籍を維持したいと考えるものが多く、母国語を理解できる者も増加しているという「民族化」傾向が確認されました。ただし、在日の若い世代が目指すものは、「本国人に近づくこと」ではなく、かといって「日本人になること」でもない。「在日コリアンとしての新しい民族的な生き方」を模索している若者が大勢いることが、こうした調査からわかってきたのです。

＊『在日コリアンってなんでんねん』（二〇〇五年）

九八年の秋、朝日新聞社が発行していた月刊誌『論座』の編集部から連絡があり、日韓関係の特集をやるので、原稿を書かないかという誘いがありました。私は、金大中政権下で進んでいた日本文化開放政策の歴史的背景と目的についてまとめた原稿を編集部に送ったんです。その原稿が「雪解けに向かう日韓文化摩擦」です。『論座』九八年一一月号に掲載されました。掲載後、編集長から連絡があり、「朴さんの原稿、反響が大きかったんで、このまま『論座』で連載してみませんか」という意外な申し出を受けました。そして、渡辺利夫さんが担当しておられた「アジア観察」というコーナーを引き継ぐことになりました。朱健栄さんと莫邦富さんとの三ヶ月に一度のリレー連載でしたが、三ヶ月に一度、四〇〇字×三〇枚の原稿を書き続けるのは、想像以上にきつく、締め切りが近づいても原稿が書けないと吐きそうになることが度々ありました。そ

の後、二〇〇五年六月まで、無い知恵を絞り、韓国、北朝鮮、在日をテーマに約五年間、原稿を書き続けました。編集部との格闘の末に生み出された原稿は、何度か『朝日新聞』の「論壇時評」で取りあげられ、日本のメジャーな月刊誌の注目論文を海外に紹介していた外務省の『ＪＡＰＡＮ　ＥＣＨＯ』や『ジャパン・フォーラム』などの雑誌で英語、スペイン語、韓国語に翻訳され、海外にも発信されることになりました。特に在日の問題を韓国の人々に発信できたのは、よかったと思います。

二〇〇五年に講談社から出版した『在日コリアンってなんでんねん』（講談社＋α新書）は、『論座』で発表してきた在日コリアンに関する論考をまとめたものです。この本では、在日コリアンの旧軍人・軍属に対する戦後補償問題、在韓被爆者問題、在日コリアン高齢者の無年金問題、朝鮮学校卒業生の大学受験資格をめぐる問題、在日コリアンの日本国籍取得問題など在日コリアンをめぐる諸問題について考察していますが、改めて植民地出身の在日コリアンへの日本政府の処遇をめぐる問題点について整理できたという意味で、大きな収穫があったと思います。『在日コリアンってなんでんねん』という奇妙なタイトルは編集者が考えたものですが、幸か不幸か、この奇妙なタイトルのおかげで本書はよく売れました。

＊『在日コリアンの歴史教科書』（明石書店）の編集と出版（二〇〇六年）

二〇〇〇年、私は民団中央本部の金宰淑団長の呼びかけで立ち上がった二一世紀委員会のメンバーに選ばれました。二一世紀委員会は、これまで民団とは無縁だった在日の大学教授、弁護士、会計士、税理士、医師などのスペシャリストを集めた専門委員会で、彼らの声を民団改革に取り入れようというものでした。私は、民族教育委員会の副委員長に抜擢され、さまざまな仕事を任されました。二〇〇一年、神戸で開催された二一世紀委員会主催の「第二回未来フォーラム」で、私は「民族教育再生五か年計画」を提言し、①『在日コリアンの歴史教科書』の作成、②在日同胞資料館の開設、③民団文化賞の創設などを、民団中央に求めました。

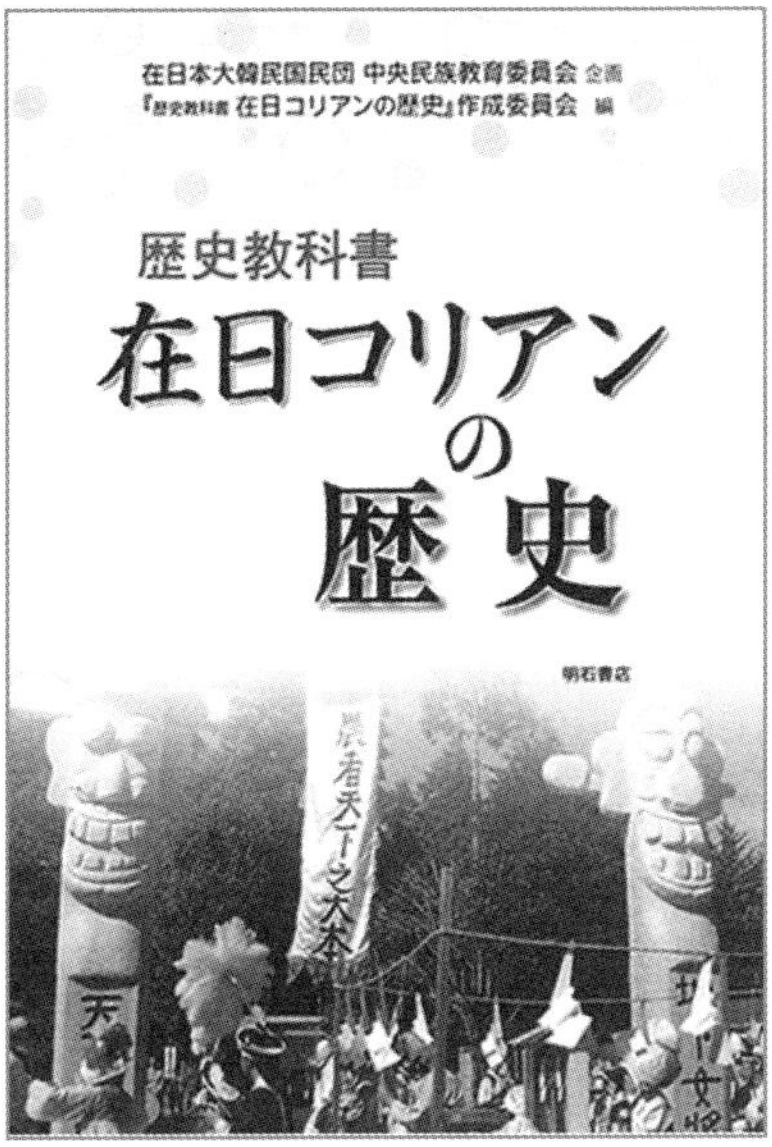

民団の対応は早く、私が提言した「在日同胞資料館」は、二〇〇〇年から在日コリアンに関する資料収集が始まり、二〇〇五年一一

月、東京麻布の民団中央会館内に「在日韓人歴史館」として開設され、今日まで国内外から多くの見学者を集めています。また『在日コリアンの歴史教科書』は、民族教育委員会内で編集委員会が設置され、姜在彦先生、姜徳相先生、金敬得弁護士、姜誠さんの協力を得て、〇六年に明石書店から出版されることになり、金剛学園、京都国際、建国高校などの民族学校でも「在日史」のテキストとして使われることになりました。さらに喜ばしいことに、この『在日コリアンの歴史教科書』は韓国語にも翻訳され、韓国でも出版されることになりました（ヨクサネット出版、二〇〇七年）。そして二〇〇八年から、民団文化賞も「孝道」、「論文」、「写真」、「詩歌」の四部門で開催されることになり、私は長い間、「論文」部門の審査委員を務めさせていただきました。

＊『在日コリアン辞典』（明石書店）の編集と出版（二〇一〇年）

二〇〇五年、私は国際高麗学会日本支部の会長に就任することになりました。日本支部結成二〇周年を記念して、学会として何かできないかと思い、在日コリアンの会員が多いという学会の特徴を生かして、在日コリアンをテーマにした辞典を作ろうと提案しました。二〇一〇年に在日コリアンが日本に暮らすようになってちょうど一〇〇年を迎えるということもあり、在日コリアンが日本でどのような運動を展開し、日本のそれぞれの分野でどのような役割を果たしたのか、また日本のみならず、韓国や北朝鮮の発展にどのような貢献をしてきたのか、を辞典という形で

記録しておきたかったのです。

二〇〇六年春から辞典の編集作業に取り掛かりましたが、編集作業は想像以上に膨大で困難をともなうものでした。学会の会員を中心に編集委員会を設置し、二～三か月に一回のペースで編集会議を続けながら、一年かけて在日コリアンに関する歴史、社会、経済、政治、文化、風俗などにまつわる重要な人物、事件、出来事を八〇〇項目ほどピックアップし、項目ごとに執筆適任者を選定・依頼する作業から、辞典の編集作業を始めました。しかし、編集委員会に参加してもらった先生から項目が現代史に偏っているという指摘もあり、途中から会員以外の先生方にも編集作業に加わっていただいたことで、執筆項目も、執筆者の数もどんどん膨らんでいきました。

今から考えると、一〇〇名近い執筆者と意思疎通・連絡をとる作業が一番きつく、ややこしい作業だったと思います。というのも、一つの歴史的事象を記述するにしても、南北どちらの立場に立つかで、記述内容が大きく変わる可能性があったからです。例えば、在日コリアンの北朝鮮への帰国事業をとってみても、南サイドからみれば「北送運動」と認識する研究もあり、「帰国事業」

という表現に違和感をもつ研究者もいらっしゃいました。こうした南北による歴史認識の違いは、「朝鮮戦争」、「民団」、「総連」など南北のイデオロギー対立が絡む事件や組織の記述にはつきものでしたが、執筆者にはできる限り中立的で客観的な立場で記述してもらえるようにお願いしました。

辞典の編集を担当していただいた明石書店の朽見太朗さんには、五〇回以上開催された編集委員会にすべて参加していただき、連日執筆者とメールでのやりとりを続けながら、めんどうな編集作業を丹念にリードしてくれました。そしてついに二〇一〇年一一月、日本で初めての『在日コリアン辞典』が出版され、韓国語版も二〇一二年、ソニン図書出版から出版されました。これまでの研究業績は、乱暴に言えば自分一人の力で行ったものですが、この辞典は日韓の多くの研究者の協力を得て作りあげたもので、自分一人の力ではできないものだっただけに、その学術的達成感は半端なものではありませんでした。学者として一生に一回できるかどうかの大事業を辛抱強く完成に導いてくれた学会のメンバーと明石書店に改めて感謝の気持ちを申し上げたいです。ちなみに、現在、辞典の改訂版を編集している最中で、完成したら、さらに多くの人に利用して頂きたいと思っています。

＊『僕たちのヒーローはみんな在日だった』（講談社、二〇一一年）

日本名を名乗り、朝鮮半島出身者という出自を隠して、日本のさまざまな分野で活躍している在日コリアン・ヒーローの民族的葛藤をテーマに本を書きたいと思い、膨大な資料を集め、さまざまな関係者にインタビューし三年がかりで書きあげた本が『僕たちのヒーローはみんな在日だった』（講談社、二〇一一年）です。在日ヒーローの苦悩に迫ったこの本は、読売新聞、毎日新聞、信濃毎日新聞、京都新聞（時事通信）、神戸新聞（共同通信）など、多くの新聞書評欄に取り上げられたおかげで、文庫版（＋α新書、二〇一六年）と合わせ、十五刷（計五万部）というロングセラーを記録しました。私の本でおそらく一番売れた本で、ブックファーストの梅田店には、発売当時、書店売り上げランキング第二位になったこともあります。講談社の編集担当から聞いた話では、大阪より東京の本屋で売れたそうです。

日本社会では、長い間、在日コリアンに対

して差別的なまなざしが向けられてきました。在日コリアン一世・二世の多くは、こうした差別を回避するため、日本名を名乗り出自を隠して生きてきたんですね。日本の芸能界やスポーツ界で活躍するスターたちもまた、こうした日本人のまなざしに苦しんできました。人気が出れば出るほど、半島出身者という民族的出自への葛藤が強くなるわけです。

彼らが、日本国籍を取得し、国籍上「日本人」になったとしても、ルーツを隠して活躍している限り、そうした恐怖感から逃れることはできません。なぜなら、国籍は変更できても、ルーツを変えることはできないからです。本書は、こうした在日のスターの葛藤を、力道山、やしき・たかじん、和田アキ子、松田優作、松坂慶子、新井将敬などのライフヒストリーを通じて考察したものです。そうした一世・二世の生き方とは対照的に、堂々と民族名を名乗って活躍する在日新世代の登場は、ある意味で日本が「単一民族社会の神話」からようやく解き放たれつつある証拠であるのかもしれません。

＊『在日マネー戦争』（講談社＋α文庫、二〇一七年）

その後、私の研究は在日コリアンの起業家や移民企業の分析にシフトしていきました。『在日という生き方』（講談社、一九九九年）という本でも書きましたが、私はずっと在日コリアン商工人が日韓の経済にどのような役割を果たしてきたのか、書き残しておく必要があると思っていました。そんなとき、同じようなテーマで研究をしていた龍谷大学の李スニム教授から文科省の科研（科研基盤研究C　二〇〇六年〜〇八年）に通ったので、在日コリアンの経済活動について一緒に研究しないかと誘われました。李先生とは、大学時代に同じ大学の同じ学部の先輩・後輩という関係で、しかも同じ在日コリアン。不思議な縁でした。「在日コリアンの経済活動」をテーマに二〇〇六年から始まったこの共同研究は、下関や京都の在日産業のフィールドワークから始まり、最後はソウルで開催された「在日コリアンのエスニック・サバイバル」という国際シンポ（ソウル大学日本学研究所）まで、本当に楽しく実りある共同作業で、その成果は『在日コリアンの経済活動』（不二出版、二〇一二年）という本に結実しました。

さらに二〇〇七年から、大東文化大の永野慎一郎教授が主催する共同研究「韓国の経済発展と在日コリアン企業家」（二〇〇七年〜二〇〇八年）に参加する機会がありました。この共同研究では、本国投資を行った在日コリアンの代表的な企業家に焦点を当てて、在日コリアンが母国（韓国）の経済発展にどのような役割を果たしてきたのかを考察しました。李先生との共同研究では、在日の企業家が日本の経済発展に大きな役割を果たしたことを検証したわけですが、永野先生の研究会の狙いは母国・韓国の経済発展に果たした在日コリアン企業および企業家の役割の解明でした。私は、本国投資に挑戦した三人の在日コリアンの企業家（坂本紡績の徐甲虎、ロッテグループの辛格浩、新韓銀行の李熙健）を事例に、在日コリアンによる本国投資の光と影について考察した論文を発表しました。その成果は、『韓国の経済発展と在日コリアン企業人の役割』（岩波書店、二〇一〇年）に結実しています。

二〇〇九年、大学からしつこく科研費を獲得しなさいと言われ、これまでの研究を踏まえ、「日本におけるエスニック・マーケットの形成と発展」というテーマで、五名の研究協力者を得て、基盤研究Cに応募しました（「日本におけるエスニック・マーケットに関する社会経済的研究」二〇一〇年度基盤研究C）。科研費の獲得には、応募書類の作成にかなり時間がとられることになり、あまり乗り気はしなかったんですが、在日企業に関するこれまでの研究業績がかなりあったので、これに「エスニック・マーケット」という新しい視点を盛り込んで応募してみたら、予想に反して合格し、文科省から三年間で五〇〇万円近い研究費を頂戴することができました。

頂いた研究費用で、関東の新大久後と関西の鶴橋・生野のコリアン・マーケットで何度かフィールドワークを行い、国際高麗学会の紀要にその成果を発表しました（「解放前後における韓人マーケットの形成と民族金融機関の役割」『コリアン・スタディーズ』第二号、二〇一四年）。解放後に在日コリアンの密集地域である大阪・鶴橋に誕生した韓人マーケットの発展には、在日コリアンが設立した民族金融機関（大阪興銀）と本国からの支援金が大きな役割を果たしたことを実証研究したものですが、この論文はある意味で、これまでの共同研究の成果の集大成であったと思います。書き上げたとき、大きな達成感がありました。最後に残った科研費を使って、韓国の済州大学校の日本研究所で「日本における韓人マーケットの形成と発展」に関する国際シンポジウムを開催し、共同研究に終止符を打つことが出来ました。

その後、仕事がどんどん忙しくなり、オーバーワークがたたり、冒頭で申し上げたように脳梗塞で倒れてしまいました。準備していた共同研究もしばらく中断することになりましたが、二〇一五年、日韓の国交正常化五〇周年を記念して、日韓両国で『シリーズ　日韓関係史一九六五年〜二〇一五年』（東京大学出版会、ヨクサコンガン）が出版されることになり、私は「在日コリアンの日韓の経済活動とその役割」を日本語と韓国語で発表しました。論文では、徐甲虎・辛格浩・李熙健などの在日を代表する企業人が、どのようにして大規模な本国投資に成功したのか、また一方、なぜ挫折したのか、その経緯や原因を日韓双方関係者へのインタビューと一次資料から考察しました。

二〇一七年、こうした一連の在日企業人の研究を基にして、新たに書き下ろしたノンフィクションが『在日マネー戦争』（講談社＋α文庫）です。本の中心は、日本と韓国に金融機関を設立した李熙健のライフヒストリーになっていますが、読者に伝えたかったのは、なぜ日本に在

日コリアンの金融機関が必要だったのか、なぜ在日の金融機関は次々と破綻していったのか、にもかかわらず、在日コリアンはまた新しい在日の金融機関をつくろうとするのか、という在日経済のジレンマです。

「在日コリアンによる在日コリアンのための金融機関」の設立に命を賭けた李熙健、韓昌裕、愈奉植等の在日一世たちが織りなす熾烈なマネーゲームを描くには、学術論文では限界があり、ノンフィクションという手法を使って書いてみましたが、資料収集や関係者へのインタビューは困難をきわめ、書き上げるのに三年以上もかかってしまいました。また出版後、登場人物の遺族から名誉棄損で訴えられるなど、いろいろアクシデントもありましたが、この本は後々に再評価されるのではないかと期待しています。

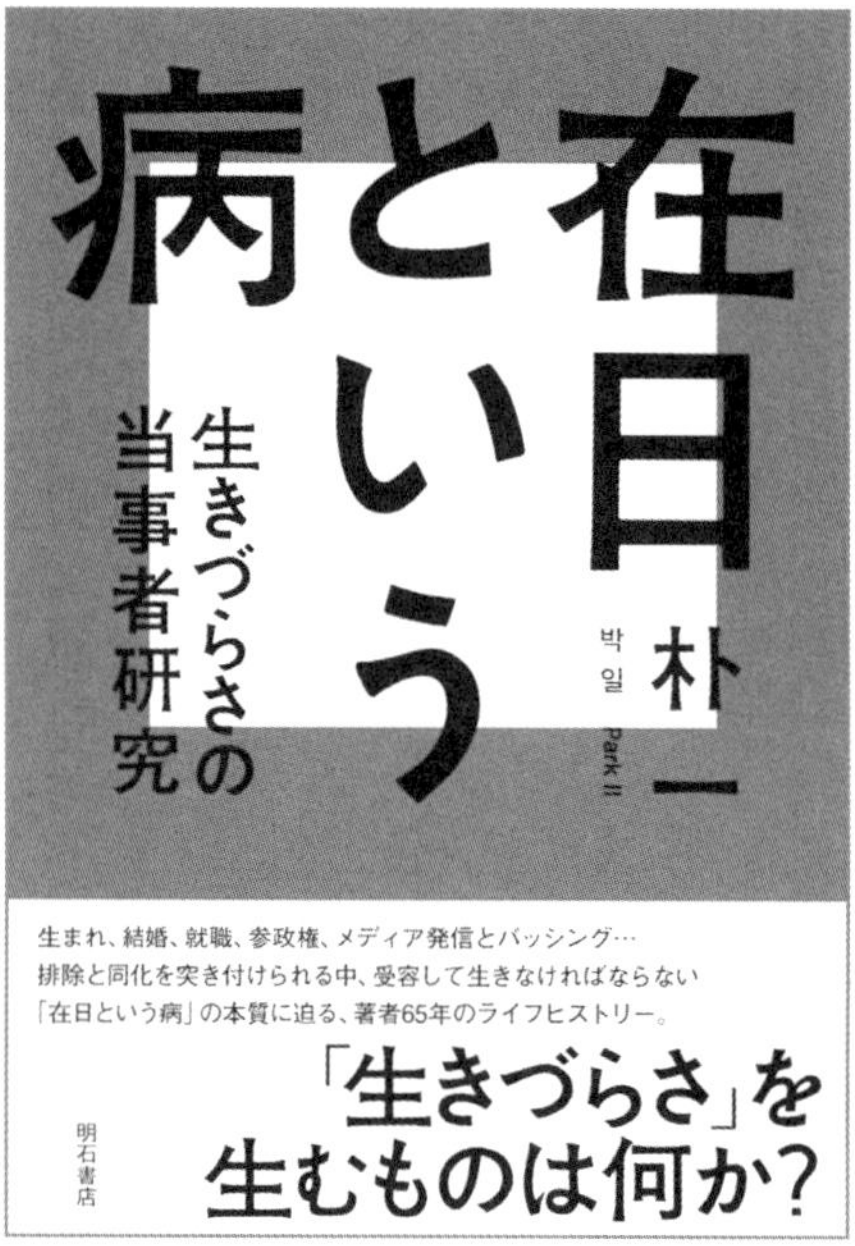

在日という病
生きづらさの当事者研究
朴一
박 일 Park Il
生まれ、結婚、就職、参政権、メディア発信とバッシング…
排除と同化を突き付けられる中、受容して生きなければならない
「在日という病」の本質に迫る、著者65年のライフヒストリー。
「生きづらさ」を生むものは何か？
明石書店

最後になりますが、二〇二三年、『在日という病』（明石書店）という十冊目の本を出版しました。今日お話しした内容を含め、六〇年間の私のライフヒストリーを当事者研究の立場から整理してみました。これが、おそらく私の最後の本、

遺言になると思います。買ってください（笑）。

本日は、長時間、本当にありがとうございました。

（日韓記者・市民セミナー　第三三回　二〇二二年七月一七日）

第11講　旧世代とは一味違う在日三世の生き方

姜龍一——作家

只今、ご紹介に預かりました姜龍一と申します。さっき松田優作かと思ったと言われましたが、僕の尊敬するフォーク歌手の吉田拓郎さんがちょうど今の僕ぐらいの歳のとき、「今はまだ人生を語らず」みたいなことを歌っていました。私は逆に、この若造みたいな歳で人生を語れみたいなことを言われてしまって、ちょっと戸惑っています。それでも三十数年生きてきて、たくさんの人と出会い別れて、例えば砂丘の砂を掴んだときに、指の隙間から流れ落ちるものと手の平に残ったもの、それが本当に自分自身に残ったものなんじゃないかというようなことを感じていて、その残ったものたちの話を少ししたいと思います。

＊頼るものがない三世世代

在日一世、二世の旧世代と、三世、四世の新世代のジェネレーション・ギャップみたいなものについて語ってほしいと言われました。『月はどっちに出ている』という映画があります。梁石日（ヤン・ソギル）の原作で、崔洋一（チェ・ヤンイル）監督の映画です。実は僕、見たことはないんですけど、『荒野の向こう側』という僕の小説を出してくれた出版社の親父さんがこんな話をしてました。

『月はどっちに出ている』は、タクシー運転手が主人公だそうなんです。その運転手が道に迷って会社に電話します。

「どっち行ったらいいですか？」

一回目の返事は、「まっすぐに進め」でした。言われるままに進むとまた道に迷った。それでもう一回電話する。

今度は、「左に曲がれ」と言われました。それで左に曲がって、わかんなくなってまた電話する。そしたら「自分で考えろ」と言われて切られてしまう。

これが在日の一世、二世、三世というものを象徴していると、この出版社の親父さんは言うんです。一回目、つまり在日一世は生きるために日本に渡ってきて、懸命に稼いで食うことだけをやってきた。差別されながら３Ｋの仕事で苦労してる親を、時には同情的に、時には批判的に見てきたのが二世。この団塊世代ぐらいの人たちっていうのは、在日であることの証明というか救いを、左翼的な思想に求めた人が多かった。これは時代的なものが多分にあると思います。

僕は在日三世として一九八八年に生まれました。ソウルオリンピックの年です。その前年に韓国の民主化があり、その三年後の九一年にソ連崩壊です。上の世代が信じてきた左翼のイデオロギーの破綻がそれこそ証明された中で生まれ育ちました。

かといって代替的な思想というものがあるわけではない。それこそ自分で、熱いか冷たいか触って、生きる道を考えなければいけない。それが僕たちのジェネレーションだったのかなと思うんです。

在日の話をしろと言われたときに、これが一番最初に思い浮かんだことでした。

＊観念でしかない我が「祖国」

「在日」と言われるけれど、日本語話者の在日二世の両親に育てられた三世の世代というのは、少なくとも俺にとっては括弧付きの「祖国」であって、韓国はある意味観念でしかない。これが一つの特徴ではないかと思うんです。

在日二世の親（一世）は、まぎれもない朝鮮人です。片言の日本語しか喋れない。キムチを作って韓国・朝鮮の伝統文化の中で生きて育ってきた。ところが三世の親（二世）はもう完全に日本人です。日本語しか喋れない。しかもどっちかというと、反日思想を持った変な日本人です。日本人になりきれない日本人。そんな親に育てられた僕たち三世の「祖国」韓国はきっと観念でしかないと思うんです。

これは学校時代から感じていたことです。このことを、いちばん感じさせられたのは、一三年間、韓国に住んでいたときでした。在日の人間はみんな外国人登録済証明書というものを持っていて、そこには本籍地が書かれています。韓国語でコヒャンという先祖の故郷の番地が書かれている。僕のそれは済州島の北済州郡というところです。そこに行ってみました。

『猿の惑星』という映画をご覧になった方は多いかと思います。その映画のラストシーンで、主人公が惑星を脱出しようとして海岸に行くと、自由の女神が倒れて砂に埋まっている。コヒャンに行ってみて、その衝撃に近い印象を受けました。

親戚とかはもう三世になったら「祖国」にはいません。それでも自分はずっと韓国人だって教育を受けてきた。それで、韓国人だと思ってコヒャンに行ってみたら、そこは再開発で貯水池になっていたんです。何もなかった。ただ、だだっ広い湖だけがバーンとあって、何とも言えない気分でした。

その湖にたばこ一本吸って投げ捨てました。それで生まれたのが、「漂へる玄界灘の塵芥《ちりあくた》　祖国喪失　我のブルース」という和歌でした。

*反日で示す愛国心

じゃあなぜそんな思想を持つに至ったのか。半分自伝みたいなこの本（『荒野の向こう側』新幹社）にも書いた、僕のことをお話しさせていただきたいと思います。

僕は小学校まで日本の学校に通ったんです。中学校からは民族学校です。大韓民国系の民族学校に、親が強制的に入れました。お前は韓国人だというふうになったんです。小学校のときにすごく好きな女の子がいて、無理やり別れさせられてすごく悲しかったけれど、そんなことはまあどうでもよくて、

建国中高というところに行ったんです。建国の関係者には申し訳ないけど、はっきり言って嫌でした。

何が嫌かというと、韓国人として、在日として、こう生きるべきだというような教育が僕らのときにはまだありました。それに対する反発で、黒板に「天皇陛下万歳」って書いて、担任にどつき回されたり…。

八月一五日（光復節 日本の敗戦）とか、六月二五日（韓国戦争勃発の日）とかに、全校生が講堂に集められて、校長先生が「日本のやったことを忘れちゃイカン！」みたいなことを話しました。これは民族学校だけでなく、韓国社会全体に思うことだけど、結局、愛国心というものが反日によってしか表現できないとしたら、ちょっと悲しいことではないだろうか。

例えば日本で愛国心の象徴は何かというと、かつてそれは国体であり天皇陛下でした。韓国で愛国心の象徴は何かといえば、一言で言うと反日です。

僕はそう思います。それってちょっと悲しくないか。中島みゆきの歌じゃないけど、「憎むことでいつまでもあいつに縛られないで」と思います。

＊首相の靖国参拝と小林よしのり

僕の中高生時代は小泉政権でした。高校三年の八月一五日に、小泉首相が靖国神社を参拝するとかしないとか、マスコミが問題にしました。そのときも学校で小泉批判をするわけです。

そのときに思ったのが、日本人が日本人として、日本の戦争で死んでいった英霊たちを追悼するのは、当たり前のことじゃないかということです。他国がそれを批判するのはおかしいんじゃないかと感じました。ちょうどそのとき、小林よしのりの『戦争論』が流行っていて僕も読みました。学校で言っていることと、小林よしのりが言っていることが真逆です。「何やこれ、どっちがほんまや」と感じて、じゃあ自分なりに確かめてみようと思いました。「祖国」って一体何なのか、実際に確かめてみようと思ったのが、高校卒業してすぐに韓国に行くことにした一つのきっかけだったと思います。

その中で、例えば在日の問題もそうですが、いろんな強いられたものというものが、みんなあると思います。

僕自身も、あんまりここで言えないような、強いられたものが多分にあったりして、結局、強いられたものを打倒することによってしか、真の自分、真の自由を得ることはできないんじゃないか。これはある意味、マルクス主義の主張のようなところがあって、僕はマルクス主義をどっちかというと批判してる人間ですけど、自分の人生に当てはめ、自分の人生だけを考えてみると、これ合ってるんじゃないかと思ったりします。そしてまた、それこそ悲しみだと知ってもいるんです。

やっぱり強いられたと感じるか、それを与えられたものとして感謝するのか。幸福論の問題かもしれないけど、それを打倒することによってしか自分になれないと感じる。そんな若い時代というのも、一つの悲しみだったのかなと思います。

＊猪飼野詩集「日本人に対してだけ朝鮮」

在日詩人に金時鐘（キム・シジョン）という先輩がいます。もう九〇歳ぐらいです。その人の詩集に『猪飼野詩集』があり、その中の言葉に「日本人に対してだけ朝鮮」というものがあるんです。

ああ、それはその通りだなあっていうか、悲しいんだけどそれが一番、韓国でわかったことでした。

差別と喧嘩。もう毎日のように、いわれもないのに殴られる。それで走行中のバスにライダーキックしたり、バスの運転手と殴り合いの喧嘩してお客さんに止められたりとか、そんな馬鹿なこともしてたんです。

そして「竹島を返せ！」って、日本人からも韓国人からも言われる。日本にいるときはどっちかというと、それでもやっぱり反日で、俺は韓国人だ朝鮮人だというのが強かったけど、韓国に来てみると、「竹島を返せ」「放射能ぶちまけたことを謝罪しろ」と言われて、「一体、何やこれは」と思ってしまう。「俺は何人《なにじん》やねん」と感じた一〇代の終わりから二〇代の初めだったと思います。

＊韓国武術　圓和道

ただ、悪いことだけがあったわけでもなく、韓国武道を研究している日本人の大学院生と仲良くなりました。その紹介で出会ったのが、圓和道《ウォナド》という韓国武術です。どういうものかというと、「韓民族の魂を受け継ぐ武道。全ての技を圓と太極で表現」というものです。簡単に言うと、全ての技を圓と太極によって表現する武道です。

韓国の太極とは三太極です。（陰中陽。青黄赤の色彩で表される）これは韓民族の伝統的な思想だと言われるものです。

空手とかの一般的な武道は直線的な動きをします。この圓和道の基本動作は円です。ちょっと見ても、正直よくわかんない。腕をくるくる回して、こんなんで使えるのかなって思いました。

一緒にやっていたF君という青年がいました。身長は僕より小さくて一六五センチぐらい。眼鏡をかけていて、いつもリュックサックを背負って「オタクか」みたいな感じでした。その彼がずっとこうやって腕をくるくる回していたんです。僕もずっとボクシングとかいろいろやっていたので、からかってやろうと思って、「ちょっとスパーリングしようや」って言ってみたんですね。

そしたら「おお、やるか」となって、軽くジャブからこう、顔面を打とうとしたんです。それを一撃で粉砕されて、もう、こぶしが使えなくなりました。「これ、すごいな」と思って、それから（圓和道を）信用し出したんです。

後に彼は、テコンドーの国家代表選手の蹴りを一撃で粉砕したというエピソードもあるんです。そういうことがあって圓和道を始めました。

＊圓和道の師匠に心酔

そのうちに、圓和道の達人みたいな人に出会うことになります。びっくりしました。一六〇センチぐらいのおじいちゃんに、肩をポンと触れただけで投げ飛ばされる。たまにそんな光景を、(合気道などの)動画で見ることがあると思うんですけど、僕、実際にそういう技をかけられて、「ああ、これはすごい」と。だんだんだんだん好きになっていったわけです。

それで僕の師匠にも出会うことになります。その師匠は身長一八五センチぐらいあって、もう喧嘩十段みたいな人でした。ちょっとここでは言えないような武勇伝をたくさん持っているような人です。昔の石原裕次郎みたいなもんですよ。かっこよかった。その人に憧れて、三年間、学校辞めて内弟子になって修行しました。

そのときのエピソードはいろいろあるけれど、趣向を変えて韓国らしい話を紹介すると、その師匠が韓国語で国弓《クックン》と言いますが、韓国の弓術をやっていたんです。

日本の弓道の弓は長いじゃないですか。それと違って一メーターほどの短い弓で、蒙古襲来絵巻に出てくるみたいなものです。射程は、日本の弓道では二八メーターだったと思いますが、国弓は一四五メーターも飛ぶんです。それを師匠がやっていて、その影響で僕もやるようになりました。全国大会にも出場させてもらいました。

日本の精神は剣だとよく言われますが、韓国の精神は弓なんです。韓民族を昔の言葉で東夷族と言いますが、東夷とは東の夷狄《いてき》です。その「夷」を字解すると「大きな弓」と書きます。韓民族は、弓の民族です。この韓国の弓道はもっと日本でも、世界でも普及されていいのではないかというぐらい、面白い武道でした。

このときもいろんなことがありましたけど、修行が実って指導員の免状をもらって良かったなと思ったらその翌日に道場が潰れました。学校辞めてまで人生かけてやってきた道場が潰れて、もう、目の前が真っ暗になりました。

毎日雑巾がけして、一生懸命やっていた道場が、売り渡しの物件になり、内見者に土足で上がられたときの屈辱はやっぱり忘れられません。

＊進まぬ再建

それから数年、とにかく苦労しました。語っても面白くもおかしくもないような苦労、絶望のどん底じゃないけど、もうどこにも行くところがない、怒りをぶつけるところもない。

そんな中、まだ若いから自分が道場を再建してみせると思いました。アルバイトで金を貯め、カンパを集めたりしたけれど、一〇〇万、二〇〇万集めてどうにかなることでもない。いろいろあって人間関係が崩れ身体も壊してしまいました。

道場再建は結局うまくいきませんでした。それが二四から二七歳の大事なときです。普通だと就職して結婚して、人生のプランを作っていくときに、俺は道場の再建のために必死で、それにかけてやってきて、そこでぶち当たったのが結局、資金力でした。その資金力を得るための知名度も決定的に不足していて、圓和道はまだ韓国でも全然知られてない武道だったんです。

普通だったら諦めるでしょう。僕が大人だったら「諦めなさい」って言いますよ。でもそのとき、若かったから、「足らぬ、足りぬのが資金力。そして知名度。だったらそいつをつけてやる！」と、無謀にも心に誓いました。

そんな中で、さっき話したＦ君と一年間だけ合宿して、演武団みたいなものを結成できたことがあったんです。韓国全土のイベントを演武して回ったりしました。結局、今思うとそれが、短かった自分の現役時代と呼びうるものだったと思います。

＊Ｆ君との決別

武道ですからやってるときは「明日のジョー」じゃないけど、真っ赤に燃え上がるんです。達成感がある。自分がブルースリーにでもなったような錯覚に陥ります。俺は行けるんじゃないかと、そう思わせるような感覚です。

でも圓和道という武道を、しっかりと練習できた期間は、全部で三年あるかないかです。あとはもう自分でやるしかなかった。

はっきり言って、俺ぐらいの実力の人は、きっとざらにいます。ただ自信を持って言えることは、俺の環境で俺ぐらいになれるのは、そんなに普通じゃないと思います。

星野仙一について、坂東英二が、（星野さんが）亡くなったときの追悼番組で、「普通ならあんな球で王、長島に勝負したらおかしいんです」と言っていました。それなのにON相手に、真っ向勝負を挑んでいく。技は二流、でも心は超一流。「それが星野仙一という男だったんだ！」と。そういう男でありたいと僕は、今でも思っているんです。

僕に憧れて来てくれた子たちも、だんだんと増えてきて、自分で言うのもなんだけどかっこよかったし、あと三年修行を続けたら、武道の世界で天下取れるんじゃないかって思ったんです。それで、「よし、頑張ろう！」と思った矢先に、相棒F君の結婚と就職問題です。「ずっと付き合ってた彼女がいる、この春結婚することになった」と。「悪いけど、もうこれ以上、この活動を続けていけない」と言われて、僕はもう心が震えました。さあこれからというときに、ガーンと崩れたような気分です。

そのときに、僕の小説の主人公みたいに、快く送り出してやれば、きっと彼とも今でも良好な関係が築けたと思うんだけど、なかなかそういうわけにいかないのが若さです。

「馬鹿野郎、女が大事か、男の夢が大事か！」「貴様、男じゃない！」みたいなことを言っちゃって、ぶん殴ったりして、結局それで彼とも決別しました。これは一つの心の傷として、今でも残っています。

＊映画制作から自伝的小説

普通ならここで、圓和道を青春の一ページとしてセピア色のアルバムにしまって、自分も就職して真っ当な人生を生きようというふうに考えると思うんだけど、それが出来なかったんです。俺はまだ真っ白な灰にはなっていなかった、ということかな。

それで、じゃあどうすんじゃ、というときに、「いや、これがダメならこっちの方法があるじゃないか」と思いました。

結局、道場再建ができなかった一番大きい理由は知名度です。じゃあ知名度をつけるにはどうしたらいいか。圓和道を世に示さんと、当時はまだ体が動くので、アクション俳優になろうと思いました。

それで芸能事務所に入ったりしましたが、もうそのとき二九歳で先が見えるわけです。それなら、自分が納得できる作品を、自分で作ろうと、やってるうちにそう思いました。それから一八歳の映画少年たちに混じって映画制作を勉強しました。みんな周りは韓国人です。普通は短編映画一本作るのにも学校に通い、照明や助監督を、ちょっとずつやっていくんです。

でも僕にはそんな時間がなかった。それで習い出してから七カ月で、最初の映画を撮ったんです。「無理だろう」と誰もが言いました。正直に言って、スタッフたちからもなめられていたと思います。

それでもやり遂げて形にしました。その作品が最近韓国のネットニュースで紹介されました。『相和（サンファ）』という時代劇風のものですが、ちょっと嬉しかったですね。

その次に、もう一本撮りました。というのは『相和』を撮ったときに、あるプロのカメラマンが僕に声かけてくれたんです。「あの作品はめちゃくちゃだけど、お前の、夢と構想と統率力だけは面白い」「ちょっと俺と一緒にやってみいひんか」と言われました。現代劇を撮ることになって、一番困ったのがシナリオづくりで、その人はどこまでもカメラマンであって、制作のプロじゃない。それでシナリオを書いてこいと僕に言うわけです。

それで一生懸命書いたけど全部ボツ。どうしようかなあってときに、長渕剛じゃないけど自分の傷を歌ってやろうって、ふと思ったんですね。それこそ差別されたり喧嘩したりしたそんなエピソードをちょっと面白おかしく交えたりしてね。それでインスピレーションを得て、飲み屋で一〇分くらいで書いて作ったのが『異邦人―裏切られた祖国―』という短編映画です。

僕以外は全部プロの俳優、プロのスタッフでやりました。そこそこ良かったと思います。そして次は長編だと思ったけれど、やっぱりぶち当たるのが資金力です。一〇分、一五分の短編映画なら、個人でお金稼いでもできるんだけれど、一〇〇分を超えるような本格的な映画だと、ちょっとこれは限界がある。

そこで私は考えました。じゃあ小説を書こう。小説を書くのはタダだし、それがヒットしたら長編映画も作れるじゃないか。そこではじめて小説を書いてみました。それを、たまたま、僕の映画を通して知り合った出版社の親父に見せたら、「面白い！　是非本にしよう！」となって、できたのが、この『荒野の向こう側』という小説です。「自分の傷を歌ってやろう」の延長線上にできた作品です。そんなこんなで、この本を書くタイミングで、僕は日本に帰ってきたので、結局、僕は韓国に足かけ一三年間いて、向こうで大人になったんです。

＊愛国心と愛郷心

正直言って、愛国心って言われると、僕の愛国心は日本にあると思うんです。

以前お話しさせていただいた方に、「お前は右翼だ」と言われたことがありました。なぜだと聞くと「天皇崇拝者だ」と（笑）。そういうことではないけれど、僕の愛国心については韓国よりも日本に対してあると思います。

ただし愛郷心というものは韓国です。韓国というより、自分が育った、大人になった場所、その街にあるんじゃないかと強く思います。

結局、在日三世としてどうだというよりも、この感覚は在日一世に近いかもわからんです。結局自分にとって韓国って、思想とかイデオロギーとか、民族主義とかそういったものじゃなく、そこで生きてきた生活の記憶っていうのが一番大きいんです。

これからやりたいことは、長編映画を作ること。そして道場の再建、そして師匠を男にする。もう三〇歳を過ぎましたけど、今でもやっぱり変わらず強く思っていることです。

一三年間暮らした括弧つきの「祖国」ですけども、その韓国を発つ前夜、師匠に言いました。「やりたいことは、韓国の方が多いんです。でも、できることは日本の方が多い」。この自分の言葉は、自分の中ではすごく印象的でした。

『荒野の向こう側』というタイトルで本を出した時、読者の方から「貴様にとっての荒野とは何か」と聞かれました。

そのときは答えられなかった。それで考えてみたんです。俺にとっての荒野とはなにか、を。それはきっと差別とか、民族問題とか、民族主義とかといったことではなく、もっと形而上的なものじゃないかと思います。

「本当に大切なものは目には見えないんだよ」ということを、サンテグジュペリが『星の王子様』という小説で言っています。きっと「心の荒野」というものがあるとしたら、それは目に見えないもの、物質を超えたものだと思うし、差別とか民族とかは表面的な意匠にすぎないんではないかというふうに思います。

＊「在日」——そして人生の意味を問うということ

さっき姜龍一と紹介させていただきましたが、日本でも韓国でも、韓国名・朝鮮名を名乗り、天皇崇拝者だと言われながらも在日として生きている。実際僕は、天皇陛下を敬愛しているし、吉田松陰先生や三島由紀夫も尊敬していて、どっちかっていうと右派です。

「在日はかくあるべし！」とか、「在日は反日・左翼でないとイカン！」みたいな旧時代的のそういう民族思想って、僕は好きじゃないんです。勿論、そういう人もいていいんだけど、それを誰かから、僕は押し付けられたくないっていうか、右でも左でも、いいものはいい。悪いものは悪い。それだけですよ、僕は。

じゃあ、その深層心理は何かと自分に問うてみると、それは結局、私が私であることだと思う。私として生きること。在日として与えられたものを否定するでもなく、我慢して受け入れるでもなく、そのままに受け止めて、自分として生きていくということなのかなというふうに思います。世間でよく、私らしくとか、自分らしく、自分の生き方として、みたいなことが言われるけれど、そこで言われてないのは「じゃあ私とは一体何か」ということです。でも、それを一言で答えられる人っていないですよね。

これは哲学者を数千年間悩ませてきた問題で、私とは何かを問うことは、生きる意味、そして死ぬことの意味を問うことであり、人生とは何かということ自体を問うことじゃないのかというふうに思います。

結局、在日とか民族問題というものは、それに気づくための一つのヒントであって、それ以上でも以下でもなく、そこが本質ではないと僕は思います。人生の意味を問うことは、人間の普遍的な永遠のテーマであって、逆説的ですが、そこにこそ人間の生きる意味があるのかなと思うわけです。

＊大切なのは「心の教化」

在日問題では、差別とかイジメとかヘイトクライムとか、ヘイトスピーチが最近また、よく一緒に語られます。そして嫌韓。新大久保で、あれだけ若い子たちが韓国料理を食べて、ＢＴＳの音楽を聞いて浮かれている半面、「朝鮮人死ね！」「チョーセンに帰れ！」というヘイトスピーチがある。そのどちらも、同じ日本人の一集団。マクロ的に見ると、同じ日本人の別の側面です。

これは僕の個人的な考えですけど、差別とかイジメといったものを法律なりで規制することは意味がないと思うんです。差別をなくそうと言って、そのために法律を作れという。けれど、差別する心、弱い者をいじめる心、その心自体が変わらない限り、どんな規制をしてどんな法律を作っても、より陰湿化して、目に見えないような形でわかりにくくなるだけで、差別はいつまでも際限なく続いていくと思います。

じゃあ、大切なことは何か。それは「心の教化」、心の啓発といったことじゃないかなと思うんです。要は、弱い者いじめは恥ずかしいこと、格好悪いこと、男らしいのは優しいことだっていうことを、もっと教育の中で教えていけるような、美意識の復活、道徳の復活、そういったものがむしろ大切じゃなかろうかというふうに、僭越ながら思います。

もっとも僕は、そんな教育的なことを普段考えているわけでもないし、そんな目的で何かを書いてるわけでも発表しているわけでもないんです。だけど僕の書いたものや創ったものが、そういう心の教化の一助にでもなれば、どっかで誰かの心に届いてくれれば、それは幸いなことなんじゃないかなっていうふうに思います。

とりとめのない話を長々としてしまいましたが、ご清聴ありがとうございました。

（日韓記者・市民セミナー　第四五回　二〇二三年四月一九日）

第Ⅲ講　反ヘイトのロードマップを考えるために

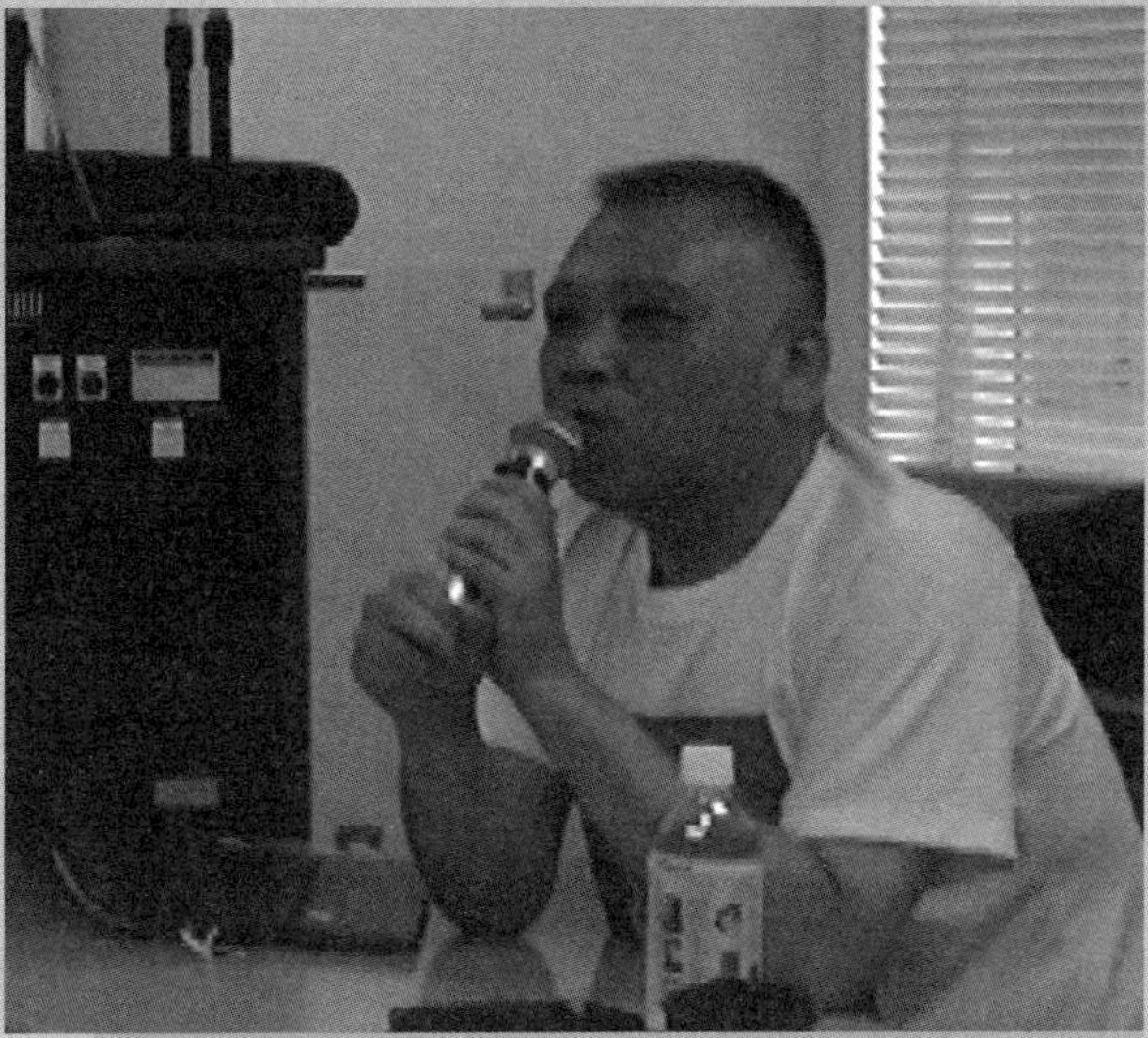

金　展克――民団支部事務部長

差別というものには、人種民族差別や我々コリアンに対する民族差別などたくさんあり、そこに対していろんなアプローチがあると思います。

文化交流、日韓親善友好、政治がうまくいってもらうように頑張ったりとか、ソフト面のアプローチっていうふうに私は定義付けていますが、こっちが本来、主です。このソフト面でのアプローチが、継続的に皆さんやっていかれてることだと思います。

他方で、法制度の整備を社会に求めるハード面のアプローチというふうに書かせていただきますが、今日のお話はもっぱらこちらのお話です。

反ヘイトの立場から求める法制度とは何か、我々はどうしたいのかということです。

差別がある、嫌な思いもする。じゃあどうするのか。政治に向かって、社会の制度としてどんなものをつくってほしいのか、しっかり考えなければいけない。この問題意識が常々あります。

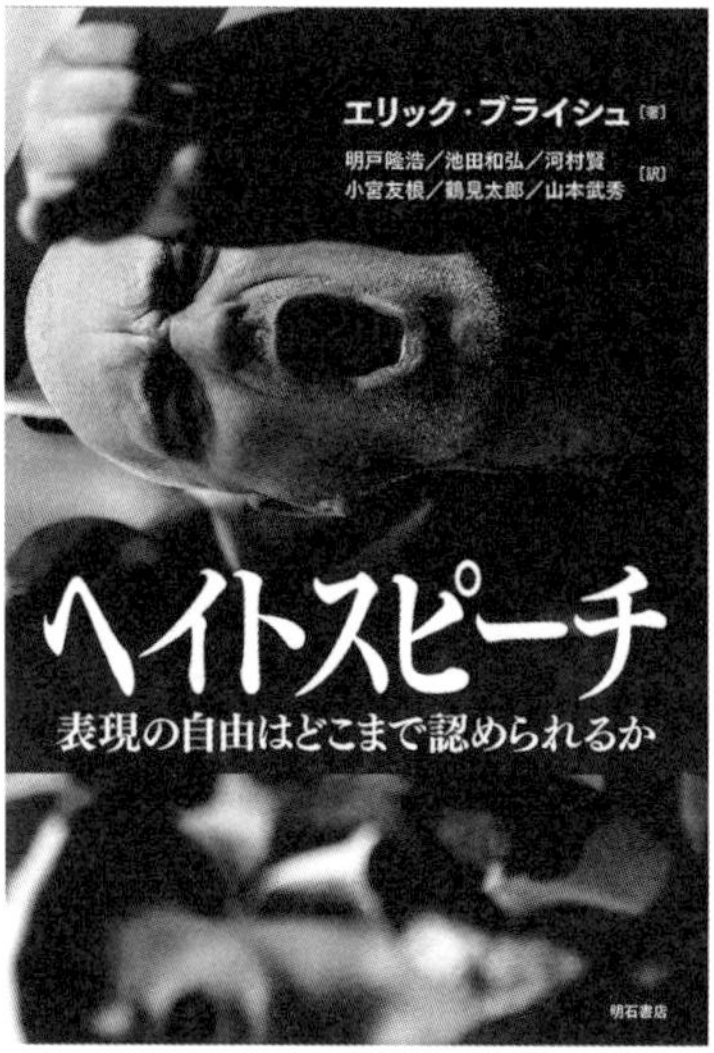

2014年、明石書店

最初に図書紹介です。二〇一四年に出た、エリック・ブライシュという方の書かれた『ヘイトスピーチ』です。社会学者の明戸隆浩さん他が翻訳しました。いろんな法制度を俯瞰的に書いていています。今日のお話も基本的にこの本が背骨です。

大まかに類型を分けると…。

1）差別禁止法
2）ヘイトクライム法
3）ヘイトスピーチ規制法
4）「結社の自由」の制限

＋　諸制度を支える機関としての「国内人権機関」

ニュースを見てるだけでも、法制度についていろんな単語が出てくると思います。「差別禁止法」「ヘイトクライム法」「ヘイトスピーチ規制法」、あと「包括的差別禁止法」も出てきますが、その中身がどういうものか理解されているのか、私は常々疑問に思っています。

大まかに分けると、「差別禁止法」「ヘイトクライム法」「ヘイトスピーチ規制法」「結社の自由の制限」と、四つぐらいの法制度が世の中にはあります。世界各国を見ても、この四つぐらいのしくみのつくり方があるのかなと思います。この四つ以外に、制度を支える機関としての「国内人権機関」もよく聞くと思いますが、あんまりちゃんと理解されている感じがしないんです。

＊差別禁止法

まず差別禁止法についてです。反差別系の団体が古くから差別禁止法の制定を求めてきましたが、わからないという方は多いと思います。おおざっぱに言えば、市民生活における差別行為を禁止する類型の法律ということになります。

例えば「外国人お断り」とかいう張り紙の問題。こういったものは差別禁止法になってきます。就職差別や雇用差別も、差別禁止法の領域になります。

ヘイトスピーチを規制する法律でも、ヘイトクライムを処罰する法律でもありません。例えば差別禁止法をつくったら新大久保のヘイトデモをなくせたかというとそんなことはないですね。あるいは差別禁止法をがっちりつくっていれば、先日、徳島での脅迫状事件で懲役一〇カ月という判決が出ましたけれども、ヘイトクライム法なら判決一〇カ月に対してさらに処罰を重くしようという法律なのでそれができたんですけれど、差別禁止法は特にそういうことができるわけではないということになります。

このあたりのしくみの違いは押さえとかないと、何かあったときにどうしたらいいかを考える上でだいぶずれてくるということになります。

参考として条文を一つ挙げさせていただきます。人種差別撤廃条約五条（次頁）の(d)とか(e)とか(f)をフォローしています。市民的権利であるとか経済活動の権利です。(f)はわかりやすくて、輸送機関とかホテルとか飲食店、喫茶店、劇場、公園等の使用、一般公衆の使用を目的とするあらゆる場所またはサービスを利用する権利について、差別しちゃいけませんよっていうことを書いていているんです。この条文に対応するのが本来、差別禁止法という枠組みでのアプローチだということになります。

人種差別撤廃条約
第5条

第2条に定める基本的義務に従い、締約国は、特に次の権利の享有に当たり、あらゆる形態の人種差別を禁止し及び撤廃すること並びに人種、皮膚の色又は民族的若しくは種族的出身による差別なしに、すべての者が法律の前に平等であるという権利を保障することを約束する。

(a) 裁判所その他のすべての裁判及び審判を行う機関の前での平等な取扱いについての権利

(b) 暴力又は傷害(公務員によって加えられるものであるかいかなる個人、集団又は団体によって加えられるものであるかを問わない。)に対する身体の安全及び国家による保護についての権利

(c) 政治的権利、特に普通かつ平等の選挙権に基づく選挙に投票及び立候補によって参加し、国政及びすべての段階における政治に参与し並びに公務に平等に携わる権利

(d) 他の市民的権利、特に、
(i)国境内における移動及び居住の自由についての権利
(ii)いずれの国(自国を含む。)からも離れ及び自国に戻る権利
(iii)国籍についての権利
(iv)婚姻及び配偶者の選択についての権利
(v)単独で及び他の者と共同して財産を所有する権利
(vi)相続する権利
(vii)思想、良心及び宗教の自由についての権利
(viii)意見及び表現の自由についての権利
(ix)平和的な集会及び結社の自由についての権利

(e) 経済的、社会的及び文化的権利、特に、
(i)労働、職業の自由な選択、公正かつ良好な労働条件、失業に対する保護、同一の労働についての同一報酬及び公正かつ良好な報酬についての権利
(ii)労働組合を結成し及びこれに加入する権利
(iii)住居についての権利
(iv)公衆の健康、医療、社会保障及び社会的サービスについての権利
(v)教育及び訓練についての権利
(vi)文化的な活動への平等な参加についての権利

(f) 輸送機関、ホテル、飲食店、喫茶店、劇場、公園等一般公衆の使用を目的とするあらゆる場所又はサービスを利用する権利

日本の法律でじゃあどうなっているかっていうことをちょっとご紹介したいと思います。

差別禁止法という法律はつくられてはいません。しかし平成一一年の浜松の商店における外国人入店拒否事例では、不法行為に該当するということで裁判して損害賠償の判決が出ております。平成一四年、札幌でロシア人の方が銭湯に入ろうとして、「外国人お断り」と言われて裁判になり、これも不法行為の判決でした。

ある程度は、民法上の不法行為として対応はしているというのが現状です。ただ、差し止めなどはできないので、整備が十分だとは言えないと私は思っております。

何ができて何ができないのか、もうちょっとクリアに説明しながら、ここから先、僕らが求めていかなきゃいけない内容を、本当は考えなきゃいけないんだろうと思っております。

＊包括的差別禁止法

国連の勧告で包括的差別禁止法を国内で整備するように求めるといったことが、ニュースですごくよく出てきますが、そもそも包括的差別禁止法の「包括的」ってどういう意味でしょうか。

差別問題のカテゴリーはたくさんあります。人種・民族差別、部落差別、障害者差別、ＬＧＢＴの問題であるとか性差別とか年齢差別とか、包括的差別禁止法ってこれ全部入ってなきゃいけないのかと思ってしまいます。あるいはここに書いてあること以外も全部含めて、入れなきゃいけないのかというと、これはすごく緩い単語で、どのぐらいあれば包括的差別禁止法と言えるのか、よくわからんところがあるんですね。

他方で、他の差別問題への広がり方だけじゃなくて、さっきの差別禁止法とか他のヘイトクライム法とかヘイトスピーチ法とか、方式的な部分での包括性っていうのまで求められているのかというと、どうもそういうことではないらしい。

基本的にはレイシズム、セクシャリズム、障害者差別、ＬＧＢＴ、このあたりが入っていれば、包括的差別禁止法と言っていいのかなあというような、すごくバクっとした言葉の使われ方をしています。

＊ヘイトクライム法

続きましてヘイトクライム法についてです。

これもうどういうものかというと、差別を動機に含む犯罪について量刑を重課するという法律、法制度になります。

アメリカですと公民権侵害で放っておくと自由になってしまうような領域を犯罪化するっていう部分も多少含まれるようですが、基本的には量刑の重課を意味するというふうに理解していただくのがいいだろうと思います。

例えばですけれども、普通の傷害だったら三年ぐらいの量刑に相当するような事件でも、動機に人種差別が入ってる、例えば「朝鮮人死ね、殺せ」とか言いながら殴ったとかですね、そういう状況が明らかなときにはプラス二年にするとか、まあそういったしくみになります。

良くも悪くもヘイトクライム法というのは警察権力が及ぶ範囲といいますか、処罰される行為の範囲は広げないんですね。いまある犯罪の範囲が広がるわけじゃない。その代わり重みが増えるというのが特徴なのかなと私は理解してます。刑を重たくして、こういうヘイトクライムの発生を抑止するというしくみになってきます。

＊日本におけるヘイトクライム

日本におけるヘイトクライムですが、これはリアルなところで、在日絡みのものばかりですがリスト化してみました。

日本におけるヘイトクライム

2009年12月	京都朝鮮学校襲撃事件
2010年　4月	徳島県教組襲撃事件
2013年　5月	生野区通り魔事件（※）
2014年　1月	神戸朝鮮学校襲撃事件
2014年　2月	アンネの日記損壊事件
2014年　3月	川崎駅摸造刀事件
2014年　8月	山口祐二郎暴行傷害事件
2015年　3月	韓国文化院放火事件
2016年　7月	福岡ヘイトビラ事件
2017年　5月	イオ信用金庫放火未遂事件
2018年　2月	朝鮮総連正門銃撃事件
2018年　3月	大阪天王寺殺人未遂事件
2021年　7月	民団愛知県本部放火未遂事件
2021年　7月	民団奈良北葛支部放火未遂事件
2021年　8月	ウトロ放火事件
2021年12月	民団大阪枚岡支部ハンマー投擲事件
2022年　9月	民団徳島県本部脅迫状事件
2022年10月	ちゃんへん暴行傷害事件　・・・

二〇〇九年の京都朝鮮学校襲撃事件、これより古いものはいっぱい出てくるんでしょうけれど、ここをスタート地点にして、二〇一〇年の徳島県教組襲撃事件、二〇一三年の生野区通り魔事件、これはコメ印（※）していますがちょっと特殊であとで話します。

二〇一四年の神戸朝鮮学校襲撃事件、二〇一四年アンネの日記損壊事件、二〇一四年川崎駅摸造刀事件、これはたしかデモ帰りで、右翼系の人が摸造刀を振り回して怪我をさせちゃった事件です。

同じく二〇一四年、山口祐二郎暴行傷害事件、当時「レイシストしばき隊」というグループにいた山口祐二郎君が暴行された事件です。二〇一五年、韓国文化院放火事件。その他いろいろあるけれど、二〇二一年ぐらいに民団愛知県本部放火未遂、奈良北葛支部放火未遂、同年八月、ウトロ放火と、この辺になると皆さん記憶に新しいんじゃないかなと思います。

二〇一七年のイオ信用金庫放火未遂事件について補足しますと、イオ信用金庫はどっちかというと総連系の金融機関です。ところが犯人に動機を聞いたら、慰安婦問題における韓国政府の対応が気にいらないからって言っていて、本当にどうしようもない事件です。

他方で、さっきの生野区通り魔事件は特殊な事件だと言いましたが、韓国系の方が日本人だったら誰でも殺そうと思ったといって日本人を刺した事件で、逆向きになります。結局、心神耗弱で不起訴になりましたけど、こういう事件も起きているのは忘れちゃいけないと思いましたのでリストで挙げました。

なにせいっぱい事件が起きていますが、もう絶対、どっかでまた起きちゃうだろうと思います。

では、起きたらどうするのかとか、起こさないためには何ができるのかっていうことをここでは問題提起としても出したいと思います。

ごく近いところでは徳島の事件、裁判になって懲役一〇カ月、執行猶予四年、保護観察四年でした。保護観察四年がついたのでちょっと重めかもしれないけれども、ただ懲役一〇カ月って聞くと僕らは、ちょっと軽いのかなってやっぱり思っちゃいますよね。

それで例えば再犯する人を抑止できるのかっていうと、やっぱちょっと心許ないというふうに私なんかは思います。だからこそそういう法整備はできたらやってほしいなというふうには思うんですけれども、皆さんそのあたりどうお考えですか。

＊条例制定権の限界

補足して条例制定権の限界について触れたいと思います。

地方自治法という法律があります。その一四条に条例でつくられる限界ということが書いてあるんです。「二年以下の懲役、一〇〇万円以下の罰金、拘留、あと五万円以下の過料」とあります。条例で定められるのはここまでなんです。懲役二年より重い刑罰を科したければ、国法でやってくださいっていうことになっています。

先ほどの徳島の例をとると、脅迫罪って法定刑が二年以下になっています。ですから二年より重く処罰しようと思っても、条例では元々できないことになります。そのあたりもちょっと踏まえておかないと、ややこしいことになっちゃいかねないなあと私は思いました。

こう言うのも、事件の新聞報道で、ヘイトクライムを処罰する条例を求めるという記事をちらほら見たからです。そういう条例では元々できないのに、新聞でこういうことを書かれちゃうと、なんかややこしくなりそうだなあというような心配なんかもしながらちょっと見ておったところがありました。

補足：条例制定権の《限界》

地方自治法

第十四条

普通地方公共団体は、法令に違反しない限りにおいて第二条第二項の事務に関し、条例を制定することができる。

2　普通地方公共団体は、義務を課し、又は権利を制限するには、法令に特別の定めがある場合を除くほか、条例によらなければならない。

3　普通地方公共団体は、法令に特別の定めがあるものを除くほか、その条例中に、条例に違反した者に対し、二年以下の懲役若しくは禁錮、百万円以下の罰金、拘留、科料若しくは没収の刑又は五万円以下の過料を科する旨の規定を設けることができる。

条例でできること、できないこと。

それで、条例でできることとできないこと、この辺は本当に考えて話を進めていかないとすごくつらいのかな、先々本当にできないことを無理してやろうとして結局できないみたいなことになりかねないなという懸念を、私もちょっと持っております。

世間的には、ヘイトスピーチ法、ヘイトスピーチ関係の条例はすごい進んでるんです。いろんなところで条例ができるという形にはなってるんですけど、そのほとんどが罰則のない理念法っていう形での条例です。ですので、直接的なヘイトスピーチの抑制効果は、そんなに強いわけじゃないんです。つくったことに意義があるといったところで止まってしまうと、いうことになります。

他方で、世界的にヘイトスピーチ規制法ってどれぐらいの量刑の重さで処罰しているのか、ということなんですけれども、ちょっと読み上げます。

ベルギー懲役一年、ブラジル五年、ブルガリア三年、カナダ二年、コロンビア三年、デンマーク二年、フランス三年、フィンランド二年、ドイツ五年、ギリシャ二年、ハンガリー三年。だいたい二年ないしはそれより重いところで、諸外国はヘイトスピーチ規制法をつくっているということにはなります。条例でどこまでやっても、もともと限界があるんですよね。

川崎の条例、罰金刑をつけたっていうので、これは本当に意味があるんです。いままでヘイトスピーチに関して、罰金刑をつけるっていうことがすごく難しいといいますか、例がない状況なので。

ただ、罰金刑だけで、自由刑とかは特にないので、そういう意味では諸外国の立法例と比較するとそんなに強いものではないし、そこをゴールラインだと思っても困るんだろうと思います。どこを目指すんですかっていうと、やっぱり罰金刑でヘイトスピーチが終わるのを目指したいわけではないと、私は考えています。そこを入口にして、そこをステップにして先をやっぱり目指さなきゃいけないというふうに私なんかは思っています。

それを目指すのであれば、条例で何とかするというアプローチはもうおのずと限界があって、やはり国法を目指し、国法でやっていただくということを、どっかでまた考えていかなきゃいけない。まあ、そうならざるを得ないだろうと私は思っております。

類型３：ヘイトスピーチ規制法

ヘイトスピーチとは何か

共通語としての「ヘイトスピーチ」は、人の内的属性（人種、宗教、ジェンダーなど）に基づいて、ある集団や個人を標的とし、社会の平和をも脅かす可能性のある攻撃的言説を指します。

国連がこの問題に世界規模で対処するための統一的な枠組みを提供するために、「ヘイトスピーチに関する国連戦略・行動計画」は、ヘイトスピーチを次のように定義しています。「ある個人や集団について、**その人が何者であるか**、すなわち宗教、民族、国籍、人種、肌の色、血統、ジェンダー、または他のアイデンティティー要素を基に、それらを**攻撃する**、または**軽蔑的**もしくは**差別的**な言葉を使用する、発話、文章、または行動上の**あらゆる種類のコミュニケーション**」

一方、国際人権法では、ヘイトスピーチの普遍的な定義はまだ存在していません。この概念については、とりわけ、意見と表現の自由、差別の防止、平等性の観点から現在も議論が続けられています。

国際連合広報センターのホームページより
https://www.unic.or.jp/news_press/features_backgrounders/48162/

＊ヘイトスピーチ規制法

ヘイトスピーチ規制法という類型について少しお話ししたいと思います。

国連広報センターのホームページから、ヘイトスピーチとは何かという部分だけですけれども、その一番最後に「一方、国際人権法ではヘイトスピーチの普遍的な定義はまだ存在していません」とあります。

「この概念については、とりわけ表現の自由、差別の防止、平等性の観点から、現在も議論が続けられています」というふうに説明されています。

私もこの通りだと思うんですが、ヘイトスピーチについての定義はすごく曖昧です。これをどう定義づけるか、みんなで話し合わなきゃいけないという課題があるんだっていう認識を持ちたいと思います。

法務省がヘイトスピーチ解消法との関係で、ガイドライン的なものを出してたりしますけれども、まだ安定した定義と言えるようなものではないと言うべきだろうと思います。

何がヘイトスピーチなのか、どこからヘイトスピーチなのか、例えば「韓国が嫌いだ」とか言われても、私それがヘイトスピーチだといって騒ぐ気はあんまりないんです。嫌いな人も、まあいてもしょうがないんじゃないですか。

でも、「韓国人皆殺しにしろ」って言われたら、それはちょっと止めて欲しいと、やっぱり思うわけです。この間のどこかに線があるんですけれども、その線がどこかっていうことをちゃんとみんなで議論して考えなきゃいけない。そういうステップがあるのかなと思うんですが、そのあたりが未だにはっきりしないんです。

＊実例は関東大震災

ヘイトスピーチの問題で、あとこんな話も書かせていただきました（次頁）。《パターン①》レイシストａがいて、マイノリティｂ、このｂが仮に僕だったとします。「韓国人出て行け」とか言われます。言われたときにムカつきますが、これがヘイトスピーチの問題なのかっていうとまあ、そうかもしれないと思います。これも一面でヘイトスピーチの問題でしょうけど、本来実は《パターン②》の問題の方が大きいんですね。このパターン②はどういう問題かというと、まさに関東大震災の話です。

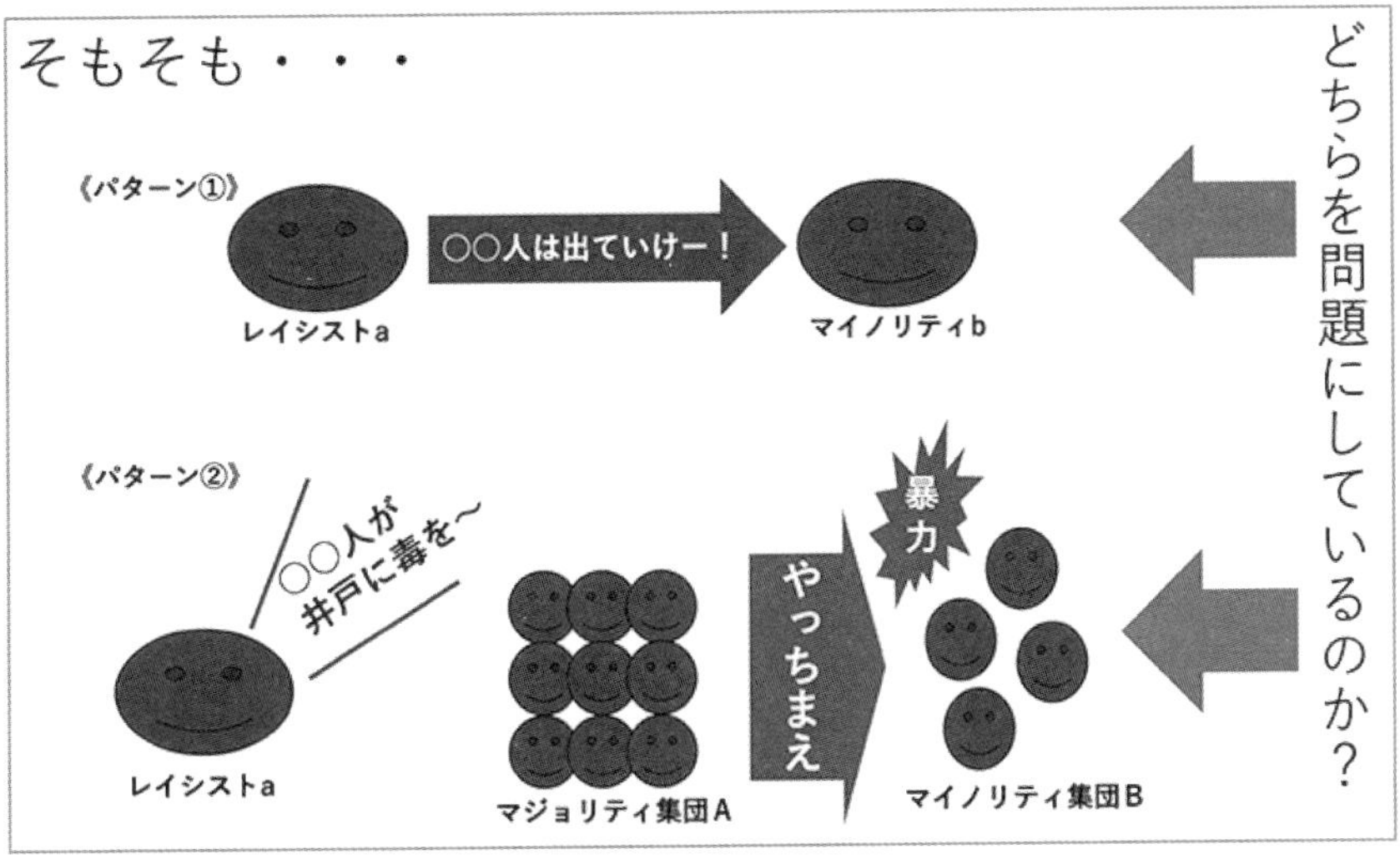

「○○人が井戸に毒を入れたぞ」って、誰かがデマを吹く。で、そのデマを聞いた人が本気にしちゃって「やられる前にやっちまえ」って広がって暴力や虐殺に向かうわけです。

どちらかというと②の問題の方が本来ものすごく大きいんです。まして今年なんて、関東大震災から百年目の節目です。その節目の中でこの②のパターンの問題にどこまで切り込めているかっていうと、あんまり切り込めてないので、そのあたりはちょっと残念かなと思うんです。

むしろいま世間では、①の問題の方がメディアには出てきます。誰々さんがヘイトスピーチされて裁判しました、勝ちましたみたいな話は全部①の話なんですけれど、②の方はあんまり話をしていないと思います。でも、ルワンダの虐殺はこれですよね。②のパターンです。

いま、②のパターンでレイシストａ、「○○人が井戸に毒を入れた」みたいなことを言った人、いまの日本の法律だとどうなるかっていう話なんですけど、ほぼ無罪ですよね。

＊「歴史」との関係

ヘイトスピーチと歴史との関係について。ヘイトスピーチの問題のときにはもう必ず出てくる歴史の問題です。

これは人権規約の委員会が二〇一一年に出したジェネラルコメントと言われるものの一部です（次頁）。読み上げたいと思います。

「歴史的事実に関する意見の表明を罰する法律は、意見および表現の自由の尊重に関して規約が締約国に課している義務と両立し得ない。規約は、過去の出来事に関する誤った意見または不正確な解釈を表現することに対してこれを全般的に禁止することを許容しない。意見の自由の権利に対する制限は、決して課されてはならず、表現の自由に関しては、第3項において認められているもの又は第20条の下において要求されているものを超えてはならない」と書かれてます。

何が言いたいかっていうと、歴史を違法化するっていうことは基本的にやるなって言ってるんですよね。歴史はやっぱ学問なので、学問研究の世界なので自由闊達に議論できて当然で、そういう中で間違ったことを言っちゃう人もいるけれど、それを違法化するというふうにしちゃうと、何も言えなくなっちゃうでしょうみんなっていう話なんですよね。

補足：「歴史」との関係

Human Rights Committee
102nd session
Geneva, 11-29 July 2011

General comment No. 34
Article 19: Freedoms of opinion and expression

49. 歴史的事実に関する意見の表明を罰する法律は，意見及び表現の自由の尊重に関して規約が締約国に課している義務と両立し得ない。規約は，過去の出来事に関する誤った意見又は不正確な解釈を表現することに対してこれを全般的に禁止することを許容しない。意見の自由の権利に対する制限は，決して課されてはならず，表現の自由に関しては，第 3 項において認められているもの又は第 20 条の下において要求されているものを超えてはならない。

そういう意味では歴史を違法化するっていうことは基本的にはやってはいけませんということをここでは書いてます。

＊人種差別撤廃委員会

続きまして、人種差別撤廃委員会が二〇一三年に出している、これも一般勧告三五という文書の一部です（次頁）。

「委員会は、国際法によって定義されるジェノサイドや人道に対する罪を公に否定したり、それらを正当化しようとする試みが、人種主義的暴力や憎悪の扇動を構成することが明らかな場合には、法律によって処罰しうる犯罪として宣言されるべきだと勧告する。一方、委員会は、『歴史的事実に対する意見の表明』は禁止または処罰されるべきではないことも強調する」と。

人種差別撤廃委員会でもこれぐらいのことを

Committee on the Elimination of Racial Discrimination
General recommendation No. 35
Combating racist hate speech

14.委員会は、国際法によって定義されるジェノサイドや人道に対する罪を公に否定したり、それらを正当化しようとする試みが、人種主義的暴力や憎悪の扇動を構成することが明らかな場合には、法律によって処罰しうる犯罪として宣言されるべきだと勧告する。一方、委員会は、「歴史的事実に対する意見の表明」は禁止または処罰されるべきではないことも強調する。

言っているという話なんですけれども、それが暴動を起こしたり、ひどいヘイトクライムになったりするような事件であれば、それを処罰しないとしょうがないですね。でもそれ以外に関しては、基本的には禁止処罰されるべきではないということを言っています。

これも同じく二〇一三年に出された人種差別撤廃委員会の一般勧告三五では、「委員会は、学術的議論、政治的関与あるいは類似した活動において、憎悪、侮辱、暴力あるいは差別の扇動を伴わずに行われる思想および意見の表明は、たとえそのような思想が議論を呼ぶものであれ、表現の自由の権利の合法的行使とみなされるべきであると考える」というふうに書かれています（次頁）。

歴史の論争というのはほとんど自由闊達にやってくださいなんです。ヘイトスピーチだと言って突っ込んじゃうのは、基本的にやっちゃいけないと言っ

Committee on the Elimination of Racial Discrimination
General recommendation No. 35
Combating racist hate speech

25.委員会は、学術的議論、政治的関与あるいは類似した活動において、憎悪、侮辱、暴力あるいは差別の扇動を伴わずに行われる思想および意見の表明は、たとえそのような思想が議論を呼ぶものであれ、表現の自由の権利の合法的行使としてみなされるべきであると考える。

てるわけです。

こうなってくるとですね、ヨーロッパではホロコースト否定、違法化されてるのは何なんだっていうふうにやっぱりなってくるんですけれども、本当にもう例外だと思うしかないんですよね。

我々在日ですと慰安婦の問題や徴用工の問題はどうなのかっていうところですけど、あれを違法化するっていうアプローチに関しては、僕は基本、あんまり賛成してません。ヘイトスピーチの問題としては、「朝鮮人叩き出せ」とか「死ね殺せ」とかを違法化していくのは、ある程度考えないといけない、必要だと思うんですけれども、歴史の問題はどこまでも私は自由にやっていただくべきで、その方が学術研究という領域にとっても良いことではないのかというふうには思います。

そこをその、法律なんていうのはですね、言うなれば、世俗の権力の塊みたいなもんですから、そういうものを学術の世界に突っ込んでしまうというのは、どこまでも慎重にならないと本来いけないんだろうなというふうに私なんかは思っております。

まあ、歴史を違法化するというアプローチは大変にハードルが高いとか書かせていただいてるんですけれども、これあの、本当にそうだと思います。あの、すごく慎重に考えていかなきゃいけない問題で、世間的にはこれ、すごい粗雑に感情論でワーッていう人いっぱいいるんですけれど、ここは本当に慎重にやらなきゃいけないよねと私なんかは思ってます。

それとの関係で、近年の参考例としては朴裕河（パク・ユハ）さんの裁判ということに、やっぱどうしてもなるだろうと思います。『帝国の慰安婦』という著書をめぐる記述の内容が元従軍慰安婦たちの名誉を毀損したとして朴裕河さんという方は訴えられました。一番最初に訴えられてからもう九年経っています。最高裁にかかってからもう四年ぐらい経ち、かなり長い間放置状態にされています。僕は見ててつらいところもあるんですが、内容について議論する、賛成反対を交わしていただくのは私も全然闊達にやっていただくべきことだろうというふうに思うんです。刑法で犯罪としてこの件で朴裕河さん処罰するなんていうのはすごくナンセンスじゃないのかなと考えております。皆さんいかがお考えでしょうかというところですが、いま見ていただいたような歴史と法律との関係、あり方の原理原則に従って考えるなら、この件は韓国司法にも冷静になってほしい、判断してほしいなあと思っておる事例です。（※二〇二三年一〇月二六日、韓国大法院は慰安婦たちの名誉毀損を認めた高裁判決を破棄し、「無罪の趣旨」による差し戻しを決定した）

＊ヘイトスピーチ規制の類例

あとヘイトスピーチ規制の類例として二つほど挙げます。

まず一つは「ジェノサイドスピーチ規制」という類型です。これは一般的なヘイトスピーチ規制とも違いまして、虐殺扇動表現に限って処罰するという法律というものです。我々が思っているヘイトスピーチ規制の範囲よりはかなり絞られた法律です。どこの国か、代表を挙げるとアメリカです。アメリカにはヘイトスピーチ規制法が無いと散々言われるんですけど、実はジェノサイドスピーチが実定法で規定されています。五年以下ないしは五〇〇万ドル以下の罰金で、結構重めの量刑です。

日本でヘイトスピーチ規制がなかなか進みません。進まないなら進まないで、範囲を絞って先に通すというようなアプローチも考えられていいんじゃないかと思います。一つ参考としてこういうものもあるということです。

あと、フェイクニュースの規制です。災害時におけるフェイクニュース規制という類型です。カナダではこういう法律はつくられています。

私は数年前にこういう法律をつくって欲しいと、某民族団体にいた先輩のところに行きました。

例えば関東大震災のケースでも、震災が起きてから三日ぐらいでだいたい流言飛語って止まるんです。それの余波で人は死んでいく。じゃあ、せめてその三日ぐらい、何か災害があったらフェイクニュース止めてもらえないか、そこを押さえる法律をつくるといったアプローチが考えられていいんじゃないかと思ってはおります。

＊結社の自由の制限

結社の自由の制限についても、いまいちピンと来ない方が多いんじゃないかと思います。私も実は最初ピンと来なかったんです。参考として人種差別撤廃条約をあげます（次頁）。「資金援助を含むいかなる援助の提供も」とか「このような団体の活動への参加が」云々と書かれていますが、こういう部分に法規制を当てていくというものです。

日本だと、この(a)、(b)には留保っていうのが付いていて、日本政府はこの規定には拘束はされないんですけれども、ちょっとここの部分はのちほどまた補足します。

ベルギーの事例ですけれど、「しかしながら、二〇〇四年一一月ベルギーの最高裁は、人種差別政党を援助したという理由のみで、三団体に対する制裁を是認した。そして二〇〇五年と二〇〇九年には、政府の調査委員会が、二つの外国人排斥政党について、それらが政治に参加するのに必要な予算を与えない案件について調査を行った。かつてヨーロッパの中で最もアメリカに近かったベルギーは、いかにしてレイシズムを理由として団体や政党を繰り返し取り締まるよ

類型４：「結社の自由」の制限

人種差別撤廃条約
第４条

締約国は、一の人種の優越性若しくは一の皮膚の色若しくは種族的出身の人の集団の優越性の思想若しくは理論に基づくあらゆる宣伝及び団体又は人種的憎悪及び人種差別（形態のいかんを問わない。）を正当化し若しくは助長することを企てるあらゆる宣伝及び団体を非難し、また、このような差別のあらゆる扇動又は行為を根絶することを目的とする迅速かつ積極的な措置をとることを約束する。このため、締約国は、世界人権宣言に具現された原則及び次条に明示的に定める権利に十分な考慮を払って、特に次のことを行う。

(a) 人種的優越又は憎悪に基づく思想のあらゆる流布、人種差別の扇動、いかなる人種若しくは皮膚の色若しくは種族的出身を異にする人の集団に対するものであるかを問わずすべての暴力行為又はその行為の扇動及び人種主義に基づく活動に対する資金援助を含むいかなる援助の提供も、法律で処罰すべき犯罪であることを宣言すること。

(b) 人種差別を助長し及び扇動する団体及び組織的宣伝活動その他のすべての宣伝活動を違法であるとして禁止するものとし、このような団体又は活動への参加が法律で処罰すべき犯罪であることを認めること。

(c) 国又は地方の公の当局又は機関が人種差別を助長し又は扇動することを認めないこと。

※（a）（b）について日本では留保。

うな国になったのか」なんていう一節があります。

ベルギーではこうやって、人種差別を理由に団体を処罰するということをやっています。

アメリカでは、ほとんどやらないですね。「結社の自由は侵害してはいけない」っていう考え方がすごい強いですから。

もう一つ例を挙げます。ドイツです。

「この事案において、ＦＡＰとナチの本質的類似性（その人種差別性や反ユダヤ性を含む）は政党の解散を正当化するのに重要な役割を果たした。警察は団体と関係のある住宅や事務所四〇カ所を家宅捜索し、党の財産を押収し幹部たちを勾留した。これらは組織基盤を破壊し、すぐに別団体で復活することを防ぐための措置であった」

云々というようなことが書かれております。これも政党解散とかやってるんですよね。

たぶん日本だとここまでできないだろうと思います。日本は結社の自由に制限をかけていく方式ってほぼないです。強いて言えば破防法がちょっと近いのかなあと思いますけど、破防法自体にすごい問題があるし、こういうやり方は日本だとできないのかなと思います。

＊「留保」論の誤解

さっきあとで説明しますと言った「留保」に関してです。人種差別撤廃条約四条で留保されてるという話はよくされます。留保とは、そもそもその条約の規定に拘束されませんということです。だからこの規定に違反しても、国連から文句は言われませんというに過ぎません。

ただ、やっちゃいけないっていうことではないんですね。日本では条約四条留保してるからといっても、別にヘイトスピーチ規制法をつくっちゃいけないという意味ではない。

例えばイギリスなんかですと、やっぱり同じように条約四条に関しては自国の憲法に反しない限りで受け入れますという解釈宣言を付けています。付けてはいますが、普通にヘイ

「留保」論の誤解

「留保」とはどういう意味か？

⇒ その条約の規定に締約国は拘束されませんよ、という意味。

条約４条を日本では「留保」しているからといって
別段、
ＨＳ規制法や結社の自由制限を
「やってはいけない」
という意味ではない。

（例えば）
英国では条約４条について「自国の憲法に反しない限り」という「解釈宣言」を付けているものの、国内では公共秩序法等でヘイトスピーチを規制している。

トスピーチ規制みたいなことをやってます。

なので、日本でも別に留保してるからといって、ヘイトスピーチ規制法つくっちゃいけないかというと全くそんなことなくて、つくるのはつくれます。よくですね、日本政府は条約四条を留保しているのはおかしいから撤廃せよとかそういうことを言う人がいるんですけれども、別に撤廃してもしなくてもあんま関係ない話なので、そこはあんまり気にしなくていいというふうにご理解いただけたらなと思います。

＊国内人権機関について

次に、国内人権機関の設置に関して、『世界』という雑誌に二〇一三年頃に書かれた寺中誠さんという方の文章をちょっと拝借して紹介させていただきます。国内人権機関についてはパリ原則に沿ったものであることが要請されていますが、基本的には国内における人権行政とか国家機関の行為に対して、人権の視点からダメ出しをする機関です。主な機能としてパリ原則上、要請されている機関はこの六つぐらいです。

「人権法制・状況に関する政府、議会への提言」とか、「人権諸条約の批准や、国内実施の促進」です。あとは「条約機関への政府報告書への意見表明」、あるいは「国連人権書記官との連携・協力」「人権教育・研究の支援」「人権差別撤廃の宣伝」です。このあたりが基本的にはパリ原則で要請されている国内人権機関の機能ということになります。

類型５：「国内人権機関」

国内人権機関の設置については、1946年の国連経済社会理事会の決議2／9が最も最初のものである。国際的な人権基準の実施にあたって、国内においてそれを担当する機関を設置すべく、各国で設置が進められた。1978年には国内人権機関の設置に向けた国連セミナーが開催され、そこで国内人権機関のガイドラインが発表された。それを受けて、1993年に最終的に採択されたのが、いわゆる「パリ原則」と呼ばれる国内人権機関に関する国際基準である。

現在世界に存在するすべての国内人権機関は、このパリ原則に沿ったものであることを要請されている。各国の国内人権機関は、国連人権高等弁務官事務所を事務局として、国際的な調整委員会を形成しており、そこで各国のそれぞれの機関がパリ原則を満たしているかどうかが審査される。

岩波書店「世界」2013年10月号
寺中誠著「国際的孤立に進む日本の人権政策」 より

人権侵害の人の訴えを受け付けて、処罰するみたいなことは書いてないんです。そういう司法機関類似のことというのはマストではないんです。そういう機能を付加的につけてもいいけれども、そういう機能は別になくても構わないというのが大原則です。

過去に国内人権機関的なものをつくろうとして、日本社会は何度も失敗してるんですね。

人権擁護法案とかいろいろありましたが、何回も失敗してます。だいたい皆さん、準司法機関的な機能を付け足そうとするんです。すると抵抗も大きくなって失敗しちゃうみたいなパターン、すごくあったというふうにお聞きしてます。

国連の文書とか勧告とか読んでると、ヘイトスピーチ規制法であれ差別禁止法であれなんであれ、つくった法制度は国内人権機関によってパリ原則は、国内人権機関の主な機能を、次の6つに分けている。

1　人権法制・状況に関する政府、議会への提言（法案審査の機能）
2　人権諸条約の批准や屋内実施の促進（条約実施の機能）
3　条約機関への政府報告書への意見表明（政策提言機能）
4　国連人権書記官との連携・協力（国際協力機能）
5　人権教育・研究の支援（人権教育機能）
6　人権・差別撤廃の宣伝（社会的広告機能）

これらを整理すると、大きく、条約実施に向けた政策提言の機能と、そのための国際協力機能、一般社会に向けた働きかけを担う広報・教育機能に分けられる。この中で最も重要なのは政策提言の機能である。国内人権機関は、実際に行政を担う政府機関とは別の立場で、国際条約を実施するという観点から国内の状況に対して具体的提言を行う機関である。したがって、国際人権基準こそが、影響力行使の際の基準となる。この点は、国内法によって限界を画された行政機関とは決定的に性格が異なる。この政策提言機能を十全に機能させるには、行政機関からの組織的、財政的な独立の担保が最重要となる。

岩波書店「世界」2013年10月号
寺中誠著「国際的孤立に進む日本の人権政策」 より

補完されるべきだといっぱい出てきます。

それは基本的には当然のあり方なんですけれど、それが日本では未だにつくられてないわけです。

あと、この国内人権機関が、パリ原則通りのものとして成立しない大きな理由としては下線を引きましたが、「行政機関からの組織的、財政的な独立の担保が最重要」というところです。

ここで言う「独立性の強さ」については、すごく高いものが要求されていまして、公正取引委員会や人事院などの、いわゆる国家行政組織法三条のレベルの独立性が必要だということが言われています。だから嫌がられるんですね。

それで日本でどうなっているか。法務省の人権擁護局というのが一応あります。しかし独立性はもちろんありませんし、パリ原則を満たすものでもない。残念ながらこういう機関はうまくつくれてないし、いまある法務省の人権擁護局は、まったく十分なものではないという状況にとどまっています。

＊まとめ

様々な類型の制度ってやっぱあるんです。他の国の整備状況はどうかというと、例えばアメリカでも差別禁止法があります。あのキング牧師がワシントン大行進の末につかみ取ったかの有名な公民権法は、類型でいうと差別禁止法になります。ヘイトクライム法も州法でかなり整備されている。でも他方で、ヘイトスピーチ規制法でジェノサイドスピーチは規制しているけれどもそれ以外はほぼ無いということです。結社の自由の制限もほぼ無い。国内の人権機関というのはつくられているという形になります。

ドイツを見てみると、差別禁止法があります。ヘイトクライム法もヘイトスピーチ規制法もあります。結社の自由の制限もやってます。国内人権機関もあります。

ドイツという国は、戦後、真っ先にヘイトスピーチ規制法をつくった国なんですね。ヘイトスピーチ規制法を先につくっちゃったので、それ以外の法律の進みが遅かったという話もあるそうですが、いまでは全部整備されています。国によって整備状況は全然変わってくるんです。

それでいま日本はどのぐらいなのか。今日お話してきた通りで、差別禁止法はない。不法行為である程度はやっているというぐらいの状況です。ヘイトクライム法に関しては全く無い。ヘイトスピーチの規制に関しても、ほぼ無い。二〇一六年にヘイトスピーチ解消法が理念法として成立して、これは非常に大きかったんですけれども、法規制って言えるレベルのものでもないというような状況です。結社の自由の制限も無くて、国内人権機関も残念ながらありません。

こんな状況ですが、何をどういう順番に求めていくのか考えてもらえたらなと私は思っています。

例えば、先に差別禁止法つくって、ヘイトクライム法つくって、人権機関つくってヘイトスピーチ規制法つくってといった流れを考えるのか、違った順番でも別にいいけれど、順番をちゃんと考えて取り組まないと、何もできないまま時間だけ過ぎていきます。マイノリティは特にリソースが少ないので、考えていただかないといけないのかなと思っています。

このあたりを、ぜひ皆様にも意識を持っていただけたらなというふうに思っておったりもしてます。

何か事件が起きるとワーッと騒ぐ。騒いで場当たり的に法整備がどうだとかいろんなこと言うけれど、半年ぐらいするとみんな忘れていく。残らない。もうこういうのやめましょうよって、私はすごく言いたいところでして、できることできないこと、条例でやれる範囲やれない範囲、必要なら国法を求めていく。

それは地域の政治家に、皆さん繋がりのある中でお願いして回るなり何なりする。そういったことを落ち着いて考えて取り組んでいただけるようにならないと、ずっと変わらないのではないかと思います。今日、一番言いたいところはここなんです。

●補足

これは二〇一八年にあった事件といいますか、朝日新聞のニュースの切り抜きですけど、「国に帰られたらいかがですか」っていう表現。喧嘩の中で出てきたそういう表現で損害賠償命令です。既に通ってる事例はちゃんとありますよということで、ちょっと紹介しておきたいなと思います。ヘイトスピーチ規制法というものがはっきりあるわけではない状況ですけど、一応こういう事例もあります。

二つ目は法務省の人権擁護局のことです。人権侵害の申し立てを受け付けて対処するしくみをつくっています。つくってるんですけど、受け付けて、法務省がこれはヘイトスピーチじゃないよ、差別じゃないよって判断すると、不服申し立てできないんです。

つまりここで負けるとレイシストにお墨付きを与えかねないっていう性質もあります。この表現で差別にはならないと法務省が判断したんだから、やっていいでしょうみたいな話になりかねない。

法務省で負けたから、裁判ができないかというとそういうわけではないけれど、それだったら、はなから地裁持って行ってる方がマシで、法務省に持っていく意味自体がほぼない。

「ひろしまタイムライン」の件、皆さん覚えてる方いますか。ツイッターで、広島の当時の戦争中の様子を再現するみたいなことをやって、その中に差別表現が含まれてるよねっていうので騒動になりました。実はこれ、法務省に持っていかれたんですけれど負けたんです。負けて、そこから先進まなくなりました。新しい案件について、法務省の人たちは過去に似たような案件でどうしたか見て判断しますから、差別にならなかった事例はつくらない方がいいというふうにも、私なんかは思います。

（日韓記者・市民セミナー　第四八回　二〇二三年六月二四日）

【資料】

関東大震災から百年に当たっての日弁連会長談話

関東大震災が発生した一九二三年九月一日から百年が経過した。関東大震災は、災害対策や被災者支援・復興支援の問題のみならず、災害下における人種差別・差別的言動などの問題をも浮き彫りにした。私たちは、この節目の日を迎えるに当たり、改めて、災害と人権について思いを致さなければならない。

関東大震災は、揺れによる倒壊、液状化、津波、土砂災害のみならず、多くの火災が発生し、大規模な延焼火災へと拡大したことで、全半壊・焼失・流出・埋没の被害を受けた住家は総計三七万棟にのぼり、死者・行方不明者は約一〇万五〇〇〇人に及ぶなど、未曾有の被害をもたらした。その後も、日本では、阪神・淡路大震災、東日本大震災を始めとする数多くの災害が全国各地で発生しており、いつでも、誰しもが被災者になり得る状況にある。

当連合会は、災害からの復興について、憲法が保障する基本的人権を回復するための「人間の復興」でなければならないことを訴え、災害発生の都度、各種の法律相談、被災者・支援者等への情報提供、立法及び制度運用に係る提言、支援者間の連携構築への働きかけ等の様々な活動を展開してきた。しかし、現在もなお「人間の復興」に至ったとはいえない被災者も多数存在し、被災者への誹謗・中傷・差別等の二次的な被害も生じている。

また、災害に起因する死亡には、直接死だけでなく災害関連死も含まれており、直接死を減らすための事前の防災・減災活動のみならず、事後の災害関連死を減らすための取組も重要である。

当連合会は、改めて、基本的人権の擁護を使命とする弁護士にとって、被災者支援が重要な本来的業務であることを確認し、引き続き、被災者支援・復興支援活動に全力を尽くす所存である。また、全国のどこで災害が発生しても「人間の復興」があまねく実現されるよう、各弁護士会における災害ケースマネジメントに関する体制整備や、行政及び各種支援団体との連携強化を推し進めていく所存である。

過去の大災害時においては、人種差別・差別的事象が発生している。関東大震災の直後には、「朝鮮人が暴動を起こしている」「朝鮮人が井戸に毒を入れた」などの流言飛語を端緒として、わずか数日のうちに、軍隊や自警団等によって多数の朝鮮人・中国人が虐殺された。当連合会は、二〇〇三年八月、この虐殺に関し、政府に対して、軍隊及び自警団による虐殺の被害者・遺族に対し、その責任を認めて謝罪すべきであり、また、虐殺の全貌と真相を調査し、その原因を明らかにすべきである旨勧告した。

この虐殺の背景には、当時の日本人の朝鮮人・中国人に対する民族的差別意識があった。日本が一九九五年に加入した人種差別撤廃条約は、人種差別の根絶を目的とする「迅速かつ積極的な措置」を採ることを締約国に義務付けている。にもかかわらず、日本は、同条約上の約束を果たすための国内法を制定せず、国連人種差別撤廃委員会から繰り返し人種的差別を禁止する包括的な立法措置を講ずるよう勧告を受けている。当連合会としても、改めて、国に対し人種的差別撤廃についての基本法の制定を求める。

また、この虐殺は、流言飛語を端緒としてなされ、差別的言動がヘイトクライムやジェノサイドといった物理的暴力を誘引したものであった。そして、今日では、AI（人工知能）を用いて容易にフェイク画像が作成されたり、真偽の確認が不十分なままSNS等を通じて情報が拡散されたりするおそれがあり、流言飛語が拡散しその影響が拡がる危険は飛躍的に高まっている。当連合会は、本年四月「人種等を理由とする差別的言動を禁止する法律の制定を求める意見書」を公表したところであり、引き続き、人種等を理由とする差別的言動を禁止する法律の制定を求める活動を行っていく所存である。

二〇二三年（令和五年）九月一日

日本弁護士連合会会長　小林　元治

〔著者紹介〕

•朴　一（パク・イル）

1956年、兵庫県尼崎市生まれ。在日コリアン三世。商学博士。大阪市立大学経済学部教授。高麗大学客員教授。テレビ番組でコメンテイターとして活躍。在日問題や日韓、日朝経済について独自の視点から提言する。専攻は朝鮮半島の政治と経済。著書多数。

•姜　龍一（カン・ヨンイル）

1988年大阪生まれ。幼少時より武道・文学に親しむ。高校卒業後、「祖国」探究のため単身渡韓。古朝鮮時代より伝わる韓民族の民俗思想・三極観を体現した朝鮮武術「圓和道」（ウォナド）の創始者・韓奉器師に出会い、圓和道修行を開始。2013年、「大東武藝圓和道傳承會」指導員。文武両道・智行一致を標榜し、文藝作品の執筆や映画制作など多岐にわたる活動を行っている。

•金　展克（キム・ジョングッ）

1999年立命館大学法学部卒業。2000年～2013年弁理士。2013年新大久保での反ヘイト活動に参加。2016年ヘイトスピーチ解消法の際に署名活動を展開。2020年から民団職員。

＊日韓記者・市民セミナー　ブックレット15＊

日本人でなくコリアンでもなく
「在日」の自意識と反ヘイト

2024年2月20日　初版第1刷発行

著者：朴一、姜龍一、金展克
編集・発行人：裵哲恩（一般社団法人ＫＪプロジェクト代表）
発行所：株式会社 社会評論社
東京都文京区本郷2-3-10
電話：03-3814-3861　Fax：03-3818-2808
http://www.shahyo.com
装丁・組版：Luna エディット .LLC
印刷・製本：株式会社 プリントパック

YouTube「KJテレビ」日韓記者・市民セミナー

動画配信　二〇二三年一〇月三一日現在（一部、韓国語字幕あり）
●印はブックレット収録済

●第1回　二〇一九年八月三日
関東大震災「朝鮮人虐殺否定」論反証　加藤直樹（作家）

●第2回　二〇一九年九月二五日
よく知らない韓国（人）を知ろう　権　鎔大（経営コンサルタント）

●第3回　二〇一九年一〇月一八日
特攻隊員として死んだ朝鮮人の慰霊事業　黒田福美（女優）

●第4回　二〇一九年一〇月二六日
JOCの不可解な動き　谷口源太郎（スポーツジャーナリスト）

●第5回　二〇一九年一一月二四日
北送事業60年の総括　菊池嘉晃（ジャーナリスト）

●第6回　二〇一九年一二月一二日
韓国ヘイトと対処法　香山リカ（精神科医）

●第7回　二〇一九年一二月一七日
在日二世の数奇な半生　尹　信雄（元民団倉敷支部団長）

●第8回　二〇二〇年二月一〇日
安倍政権の内政と外交　小池　晃（日本共産党書記局長）

●第9回　二〇二〇年二月二一日
南北韓と韓日関係の展望　平井久志（ジャーナリスト）

●第10回　二〇二〇年七月一日
虚構の「嫌韓」からの解放　澤田克己（毎日新聞論説委員）

●第11回　二〇二〇年七月一五日
川崎でのヘイトスピーチ攻防　石橋　学（神奈川新聞記者）

●第12回　二〇二〇年八月五日
在米コリアンと日系米人社会　金真須美（作家・大学講師）

●第13回　二〇二〇年八月二六日
多様性の中の在日コリアン　金村詩恩（作家・ブロガー）

●第14回　二〇二〇年九月二日
朝日新聞の慰安婦報道と裁判　北野隆一（朝日新聞編集委員）

●第15回　二〇二〇年九月一六日
平行線をたどる徴用工問題　殷　勇基（弁護士）

●第16回　二〇二〇年一〇月一六日
『評伝 孫基禎』の上梓とその後　寺島善一（明治大学名誉教授）

●第17回　二〇二〇年一〇月三〇日
復刻『関東大震災』の意義　高　二三（新幹社社長）

●第18回　二〇二〇年一一月一八日
キムチが食べられる老人ホーム・故郷の家　尹　基（社会福祉法人「こころの家族」理事長）

●第19回　二〇二〇年一一月三〇日
日本学術会議会員任命拒否問題の背景　纐纈　厚（明治大学特任教授）

●第20回　二〇二〇年一二月八日
差別と偏見の現場取材　安田浩一（ノンフィクションライター）

●第21回　二〇二一年四月二七日
『韓国ドラマ食堂』の話　八田靖史（コリアン・フード・コラムニスト）

●第22回　二〇二一年七月一四日
差別実態調査から見るヘイト　権　清志（朝鮮奨学会代表理事）

●第23回　二〇二一年一一月六日
映画『在日』上映と呉徳洙監督を語る　清水千恵子（映画『在日』スタッフ）
●第24回　二〇二一年一一月一九日
記憶を拓く「信州・半島・世界」　田中陽介（信濃毎日新聞編集局デスク）
●第25回　二〇二一年一二月一三日
外国人は「害国人」ですか—日本の「入管体制」を検証する　田中　宏（一橋大学名誉教授）
●第26回　二〇二二年一月一四日
歴史事実に介入する政府と「作る会」　鈴木敏夫（子どもと教科書全国ネット21事務局長）
●第27回　二〇二二年三月一一日
在日オペラ歌手が願う日韓関係　田　月仙（オペラ歌手）
●第28回　二〇二二年三月二六日
日韓関係の危機をどう乗り越えるか　日韓協約の不存在から考える　戸塚悦朗（弁護士）
●第29回　二〇二二年四月一六日
参議院選に出馬～誰もが大切にされる社会実現へ　金　泰泳（東洋大教授）
●第30回　二〇二二年五月一〇日
時務の研究者「姜徳相」関東大震災時の朝鮮人虐殺研究　山本すみ子（姜徳相聞き書き刊行委員会）
●第31回　二〇二二年六月二七日
絶望から希望を見出す　川崎桜本をめぐる　ふたつの物語　金聖雄（映画監督）
●第32回　二〇二二年七月九日
民族的連帯から見るインターナショナリズム 中野重治の朝鮮認識を手がかりに　廣瀬陽一（大阪公立大学客員研究員）
●第33回　二〇二二年七月一七日
在日コリアン研究40年を振り返る　朴　一（大阪市立大学名誉教授）
●第34回　二〇二二年八月三日
ヘイトスピーチ・ヘイトクライム根絶に向けて　師岡康子（弁護士）

●第35回　二〇二二年八月二七日
指紋押捺拒否からヘイトスピーチ根絶へ　ピアノ&トーク　崔　善愛（ピアニスト、週刊金曜日編集委員）
●第36回　二〇二二年九月一三日
「先生不足」が生んだ学校崩壊の現実　安倍「教育再生」路線がもたらしたもの　竹村雅夫（藤沢市議会議員）
●第37回　二〇二二年九月二二日
民主主義を壊す政治と宗教の癒着　旧統一教会の問題性　有田芳生（前参議院議員）
○第38回　二〇二二年一〇月七日
総連と民団の相克七十七年　竹中明洋（フリーライター）
●第39回　二〇二二年一〇月二三日
川越唐人揃いパレードの18年間の取り組み　朝鮮通信使の精神を現代に継承　江藤善章（実行委代表）
●第40回　二〇二二年一一月四日
浅川伯教・巧兄弟への敬愛と感謝　河　正雄（私塾清里銀河塾塾長）
●第41回　二〇二二年一二月一四日
キムはなぜ裁かれたのか　BC級戦争裁判　内海愛子（同進会を応援する会代表）
○第42回　二〇二三年一月一九日
朝鮮半島取材30年、現場で見た南と北　城内康伸（東京新聞編集委員・東アジア担当）
○第43回　二〇二三年二月一〇日
障害福祉の課題　金重政玉（元内閣府障がい制度改革推進会議政策企画調査官）
○第44回　二〇二三年三月一一日
ソウルから東京を歩く　「第九次朝鮮通信使の意義」　遠藤靖夫（21世紀の朝鮮通信使ウオークの会会長）
●第45回　二〇二三年四月一九日
旧世代とは一味違う在日三世の生き方　姜　龍一（作家）
○第46回　二〇二三年五月一五日
東洋医学の日韓交流―韓国伝統の「気」の体験　裵　晙映（鍼灸師）

●第47回　二〇二三年五月三一日
コリアンルーツの目から見た日本社会　深沢　潮（小説家）
●第48回　二〇二三年六月二四日
反ヘイトのロードマップを考えるために　金　展克（民団支部事務部長）
○第49回　二〇二三年七月二九日
尹東柱の愛と死の物語「星をかすめる風」を顕彰する　広戸　聡（俳優）
●第50回　二〇二三年八月七日
関東大震災朝鮮人虐殺から百年、歴史隠蔽を撃つ　呉　充功（映画監督）
○第51回　二〇二三年九月一五日
我が演劇人生を語る　金　守珍（劇作家）
○第52回　二〇二三年一〇月七日
アボジ孫基禎の生き様　金メダルから平和マラソンへ　孫　正寅
○第53回　二〇二三年一〇月二八日
次世代に伝える日本と朝鮮半島の話　羽原清雅（元朝日新聞西部本社代表）

■日韓記者・市民セミナー　ブックレット■

創刊号

特集　日韓現代史の照点を読む

加藤直樹／黒田福美／菊池嘉晃

A5判　一一二頁　本体九〇〇円＋税　二〇二〇年八月一五日発行

コロナの時代、SNSによるデマ拡散に虚偽報道と虐殺の歴史がよぎる中、冷え切った日韓・北朝鮮関係の深淵をさぐり、日韓現代史の照点に迫る。関東大震災朝鮮人虐殺、朝鮮人特攻隊員、在日朝鮮人帰国事業の歴史評価がテーマの講演録。

第2号

ヘイトスピーチ　攻防の現場

石橋学／香山リカ

A5判　一〇四頁　本体九〇〇円＋税　二〇二〇年一一月一〇日発行

川崎市で「差別のない人権尊重のまちづくり条例」が制定され、ヘイトスピーチに刑事罰が適用されることになった。この画期的な条例は、いかにして実現したか？　ヘイトスピーチを行う者の心理・対処法についての講演をあわせて掲載。

第3号

政治の劣化と日韓関係の混沌

纐纈厚／平井久志／小池晃

A5判　一一二頁　本体九〇〇円＋税　二〇二一年二月一二日発行

政権はエピゴーネンに引き継がれ、学会へのあからさまな政治介入がなされた。改憲の動きと併せて、これを「〝新しい戦前〟の始まり」と断じることは誇張であろうか。日本学術会議会員の任命拒否問題を喫緊のテーマとした講演録ほかを掲載。

第4号

引き継がれる安倍政治の負の遺産

北野隆一／殷勇基／安田浩一

A5判　一二〇頁　本体九〇〇円＋税　二〇二一年五月一〇日発行

朝日新聞慰安婦報道と裁判、混迷を深める徴用工裁判、ネットではデマと差別が拡散し、ヘイトスピーチは街頭から人々の生活へと深く潜行している。三つの講演から浮かび上がるのは、日本社会に右傾化と分断をもたらした安倍政治と、引き継ぐ菅内閣の危うい姿。

第5号

東京2020　五輪・パラリンピックの顛末

——併録　日韓スポーツ・文化交流の意義

谷口源太郎／寺島善一／澤田克己　A5判　一〇四頁　本体九〇〇円＋税　二〇二一年九月一〇日発行

コロナ感染爆発のさなかに強行された東京五輪・パラリンピック。贈賄疑惑と「アンダーコントロール」の招致活動から閉幕まで、不祥事と差別言動があらわとなった。商業主義と勝利至上主義は「オリンピックの終焉」を物語る。

第6号

「在日」三つの体験

——三世のエッジ、在米コリアン、稀有な個人史

金村詩恩／金真須美／尹信雄　A5判　一〇四頁　本体九〇〇円＋税　二〇二一年一一月五日発行

三人の在日コリアンが実体験に基づき語るオムニバス。日本社会で在日三世が観る風景。在米コリアンと在日三世の出会い。日本人の出自でありながら「在日」として生き、民団支部の再建と地域コミュニティに力を尽くした半生を聴く。

第7号

キムチと梅干し—日韓相互理解のための講演録

権鎔大／尹基／八田靖史　A5判　一〇四頁　本体九〇〇円＋税　二〇二二年三月一〇日発行

互いにわかっているようで、実はよくわからない——そこを知る一冊。韓国文化と生活習慣の理解が在日高齢者の介護に不可欠だという「故郷の家」。韓国ドラマの料理から文化と歴史を探る。

第8号

歴史の証言—前に進むための記録と言葉

田中陽介／高二三／金昌寛、辛仁夏、裵哲恩、清水千恵子　A5判　九六頁　本体九〇〇円＋税　二〇二二年六月二八日発行

講演で紹介された信濃毎日新聞の特集は、誠実に歴史に向き合うことの大切さを教えてくれる。姜徳相著『関東大震災』復刻と、呉徳洙監督の映画『在日』は、前に向かって進むためのかけがえのない歴史記録。

第9号

千円札の伊藤博文と安重根

——入管体制、日韓協約、教科書検定から制度と社会を考える

二〇二二年九月二七日発行

田中宏／戸塚悦朗／鈴木敏夫　A5判　一〇四頁　本体九〇〇円＋税

外国人に対する入国管理と日本社会——、そこに現れる差別と排外主義の歴史をたどると、日本による勧告併合に行き着くという。安重根（アン・ジュングン）による伊藤博文銃撃事件と、今どのように捉えるか…。近現代の歴史を教える学校教育と教科書検定の現在を併せて検証する。

第10号

ヘイト・差別の無い社会をめざして

——映像、人権、奨学からの取り組み

二〇二三年一月二〇日発行

金聖雄／師岡康子／權清志　A5判　一〇四頁　本体九〇〇円＋税

ヘイトスピーチは単なる暴言や憎しみの表現ではなく、本質的に差別である。社会からこれを無くすための、川崎・桜本の映画制作、法と条例の限界を超えて進もうとする法廷闘争、在日の若者たちに対する差別実態調査など三つの取り組みを紹介する。

第11号

いま解決したい政治課題

——政治と宗教、学校崩壊、定住外国人参政権

二〇二三年四月一五日発行

有田芳生／竹村雅夫／金泰泳　A5判　一一二頁　本体九〇〇円＋税

政治に関わる三つの講演。一つ目は政治との癒着が明るみに出た旧統一教会の実体と問題性。二つ目は全国で起きている学校崩壊の現実。三つ目は日本に帰化して参政権を取得し参院選に立候補した在日二世の生き方。

第12号

日韓友好・多文化共生への手がかり

——過去に学び未来に向かう三つの形

二〇二三年六月一〇日発行

田月仙／河正雄／江藤善章　A5判　一〇四頁　本体九〇〇円＋税

絶賛を博した在日二世の創作オペラ『ザ・ラストクイーン』、植民地支配の時代に朝鮮の風俗と文化を愛した浅川伯教・巧兄弟、豊かな文化交流を実現した朝鮮通信使に光を当て、日韓友好・多文化共生への手がかりを考えます。

第13号　　二〇二三年八月一五日発行

消してはならない歴史と「連帯の未来像」

廣瀬陽一／内海愛子／山本すみ子　　A5判　一一二頁　本体九〇〇円＋税

日本と韓国・朝鮮の間には、未だ超えることができず、そして消してはならない歴史がある。国境を超えたインターナショナリズム、その連帯の未来像はどのようなものなのか？　関東大震災・朝鮮人虐殺から百年、友好と信頼への道を考えさせる講演録。

第14号　　二〇二三年一一月一五日発行

関東大震災朝鮮人虐殺から百年

——問われる日本社会の人権意識

呉充功／深沢潮／崔善愛　　A5判　一一二頁　本体九〇〇円＋税

関東大震災から百年の二〇二三年、行政・メディアは未曾有の災害から教訓を引き出す取り組みを行った。だが、朝鮮人虐殺の真相はいまも闇に消されたままであり、この明かされない負の歴史が、ヘイトクライムの現在に繋がっている。三つの講演が日本社会の人権意識を問いかける。

ブックレット創刊のことば

日韓関係がぎくしゃくしていると喧伝されています。連日のように韓国バッシングする夕刊紙、書店で幅を利かせる「嫌韓」本、ネットにはびこる罵詈雑言。韓流に沸いた頃には考えられなかった現象が日本で続いています。その最たるものが在日を主なターゲットにしたヘイトスピーチです。

一方の韓国。民主化と経済成長を実現する過程で、過剰に意識してきた、言わば目の上のたんこぶの日本を相対化するようになりました。若い世代にすれば、「反日」は過去の遺物だと言っても過言ではありません。支持率回復を企図して政治家が「反日」カードを切るパフォーマンスも早晩神通力を失うでしょう。

ことさらに強調されている日韓の暗の部分ですが、目を転じれば明の部分が見えてきます。両国を相互訪問する人たちは二〇一九年に一〇〇〇万人を超え、第三次韓流は日本の中高生が支えていると知りました。そこには需要と供給があり、「良いものは良い」と素直に受け入れる柔軟さが感じられます。

コリア（K）とジャパン（J）の架け橋役を自負するKJプロジェクトは、ユネスコ憲章の前文にある「相互の風習と生活を知らないことは、人類の歴史を通じて疑惑と不信をおこした共通の原因であり、あまりにもしばしば戦争となった」「戦争は人の心の中で生まれるものであるから、人の心の中に平和のとりでを築かなくてはならない」との精神に立脚し、日韓相互理解のための定期セミナーを開いています。

このブックレットは、趣旨に賛同して下さったセミナー講師の貴重な提言をまとめたものです。食わず嫌いでお互いを遠ざけてきた不毛な関係から脱し、あるがままの日本人、韓国人、在日の個性が生かされる多文化共生社会と、国同士がもめても決して揺るがない市民レベルの日韓友好関係確立を目指します。

二〇二〇年八月

一般社団法人 KJ プロジェクトは、会費によって運営されています。日韓セミナーの定期開催、内容の動画配信、ブックレット出版の費用は、これにより賄われます。首都圏以外からも講師の招請を可能にするなど、よりよい活動を多く長く進めるために、ご協力をお願いします。

会員登録のお問い合わせは、

▶ KJ プロジェクトメールアドレス cheoleunbae@gmail.com へ